大中小学
思政课一体化
建设研究

陈 兰　魏立娟　刘 安◎著

四川大学出版社
SICHUAN UNIVERSITY PRESS

图书在版编目（CIP）数据

大中小学思政课一体化建设研究 / 陈兰，魏立娟，刘安著. 一 成都：四川大学出版社，2024.6
ISBN 978-7-5690-6926-6

Ⅰ. ①大… Ⅱ. ①陈… ②魏… ③刘… Ⅲ. ①思想政治教育－教学研究－中国 Ⅳ. ① D64

中国国家版本馆CIP数据核字（2024）第112118号

书　　名：	大中小学思政课一体化建设研究
	Da-Zhong-Xiaoxue Sizhengke Yitihua Jianshe Yanjiu
著　　者：	陈　兰　魏立娟　刘　安
选题策划：	梁　平　杨　果
责任编辑：	梁　平
责任校对：	李　梅
装帧设计：	裴菊红
责任印制：	王　炜
出版发行：	四川大学出版社有限责任公司
地　　址：	成都市一环路南一段24号（610065）
电　　话：	（028）85408311（发行部）、85400276（总编室）
电子邮箱：	scupress@vip.163.com
网　　址：	https://press.scu.edu.cn
印前制作：	四川胜翔数码印务设计有限公司
印刷装订：	成都金龙印务有限责任公司
成品尺寸：	170 mm×240 mm
印　　张：	10.25
字　　数：	194千字
版　　次：	2024年6月 第1版
印　　次：	2024年6月 第1次印刷
定　　价：	58.00元

扫码获取数字资源

四川大学出版社
微信公众号

本社图书如有印装质量问题，请联系发行部调换

版权所有 ◆ 侵权必究

前　言

学校思政课是思想政治教育的主阵地，也是培育社会主义人才的必要手段，在整个教育系统中具有举足轻重的地位。办好思政课关键在于教师，即说明思政教师在教学活动中占据主导地位。思政教师以马克思主义理论为指导思想，以习近平新时代中国特色社会主义思想为学习主线，向学生传达正确的思想观念和社会意识，培养政治立场坚定和品德高尚的时代新人，充分发挥思政课的育人功能。同时，思政教师通过对受教育者实施系统的理论教育来引导受教育者的行为，为实现伟大的中国梦汇聚力量，从而实现个人发展与社会发展的统一。

本书主要分为六章。第一章为大中小学思政课一体化建设概述，主要对大中小学思政课一体化建设相关概念及逻辑理路进行概述；第二章为大中小学思政课教材内容一体化，主要对大中小学思政课教材内容一体化相关内容、大中小学思政课教材内容一体化现状及困境进行研究与分析，最后根据大中小学思政课教材内容一体化存在的问题及原因提出解决策略；第三章为大中小学思政课一体化的教学衔接，主要对大中小学思政课一体化教学衔接概念及必要性进行简述，并分析大中小学思政课一体化教学衔接存在的问题及原因，最后根据问题提出相应的路径建议；第四章为大中小学思政课一体化下教师队伍建设，主要对大中小学思政课一体化下教师队伍相关概念进行简述，探究大中小学思政课一体化下教师队伍建设存在的问题及原因，并提出相应解决策略；第五章为大中小学思政课一体化的新媒体应用，主要对新媒体概念、新媒体技术对大中小学思政课一体化建设的重要意义进行简述，探究大中小学思政课一体化建设中新媒体应用现状及困境，并提出相应解决策略；第六章为大中小学思政课一体化共同体建设，主要简述了大中小学思政课一体化共同体概念、内容及现状，并提出大中小学思政课一体化共同体的统筹推进路径。

综上所述，为了更好地落实立德树人根本任务，需要统筹推进大中小学思政课一体化建设，使思政课在横向贯通、纵向衔接中更好地发挥育人作用。这是培养一代代社会主义建设者和接班人的重要保障，需要大中小学积极响应。

著 者

目　录

第一章　大中小学思政课一体化建设概述 …………………………（ 1 ）
　第一节　大中小学思政课一体化建设相关内容 …………………（ 1 ）
　第二节　大中小学思政课一体化建设的逻辑理路 ………………（ 16 ）
　第三节　推进大中小学思政课一体化建设的现实意义 …………（ 25 ）

第二章　大中小学思政课教材内容一体化 ………………………（ 28 ）
　第一节　教材内容一体化相关内容 ………………………………（ 28 ）
　第二节　教材内容一体化建设的现实审视 ………………………（ 39 ）
　第三节　教材内容一体化建设路径 ………………………………（ 53 ）

第三章　大中小学思政课一体化的教学衔接 ……………………（ 59 ）
　第一节　教学衔接相关内容 ………………………………………（ 59 ）
　第二节　初高中教学衔接 …………………………………………（ 65 ）
　第三节　大学与高中教学衔接 ……………………………………（ 70 ）
　第四节　教学衔接路径 ……………………………………………（ 77 ）

第四章　大中小学思政课一体化下教师队伍建设 ………………（ 89 ）
　第一节　教师队伍建设相关内容 …………………………………（ 89 ）
　第二节　教师队伍建设现状 ………………………………………（ 95 ）
　第三节　教师队伍建设实践路径 …………………………………（101）

第五章　大中小学思政课一体化建设的新媒体应用 ……………（113）
　第一节　新媒体与大中小学思政课一体化建设的相关内容 ……（113）

第二节 新媒体运用现状 …………………………………………（120）
  第三节 新媒体运用路径 …………………………………………（127）

第六章 大中小学思政课一体化共同体建设 ……………………（136）
  第一节 共同体建设相关概述 ……………………………………（136）
  第二节 共同体建设现状 …………………………………………（141）
  第三节 统筹推进共同体建设 ……………………………………（144）

参考文献 ………………………………………………………………（153）

第一章　大中小学思政课一体化建设概述

中共中央办公厅、国务院办公厅印发的《关于深化新时代学校思想政治理论课改革创新的若干意见》指出："教育部成立大中小学思政课一体化建设指导委员会，加强对不同类型思政课建设分类指导。"本书统一将"大中小学思想政治理论课一体化"简称为"大中小学思政课一体化"。

第一节　大中小学思政课一体化建设相关内容

"大中小学思政课一体化"蕴含着丰富的内涵与意义。这一命题充分体现出，思政课具有独特的学科特色，表明青少年成长的各阶段的思政工作不是相互独立开展的，而是存在着复杂的、紧密的联系。

一、大中小学思政课一体化建设相关概念

要进行大中小学思政课一体化研究，首先需要了解什么是大中小学思政课一体化，只有在理解大中小学思政课一体化概念的基础上才能准确开展研究。下面从一体化、思政课、大中小学思政课一体化三个概念进行阐述，在层层递进、相互关联中掌握大中小学思政课一体化的基本内涵。

（一）一体化

一体化的概念很早就广泛应用在各个领域，如经济一体化、城乡一体化、教育一体化、德育一体化、人机一体化、理实一体化、教学一体化等，其具体内涵和外延各有不同。商务印书馆2016年出版的《现代汉语词典》第7版对

一体化的解释是,"使各自独立运作的个体组成一个紧密衔接、相互配合的整体"①。卢黎歌等提出,所谓一体化,是指将多个相对独立的主体,依据一定的目标,通过一定的方式,遵循一定的规律和原则,逐步在同一体系下化为彼此包容、有机融合、相互配合的共同体的过程②。石书臣认为,所谓一体化,本义是指多个原来相互独立的主权实体通过某种方式在同一体系下彼此包容、相互合作,如同一个整体。而一体化建设,是一种系统思维,其实质是要处理好部分与整体的关系,要在保持有关部分相对独立性的基础上,采取一定方式加强联系与合作,构建一个命运共同体③。

综上所述,可以明确一体化就是把几个相互独立又联系的主体,通过某种方式将关键要素有机协同起来,将部分化为包容配合的整体,从而形成有机融合的共同体。

(二) 思政课

对思政课的日常理解就是思想政治理论课的简称,这种理解在生活中也是没错的,但考虑到中小学思政课尤其是小学思政课很少涉及理论教育,所以本书用思政课这个概念。严格意义上来说,可以把思政课划分为思想政治理论课和思想政治实践课:思想政治理论课就是以理论讲述和理解为主的思想政治教育,思想政治实践课是指采用实践教学法利用实践环节进行思想政治教育。对于思政课,可以理解为:培育学生立德树人、培根铸魂的课程,精心引导和悉心栽培学生树立正确的世界观、人生观、价值观的课程。

(三) 大中小学思政课一体化

1. 大中小学思政课一体化的概念

大中小学是指小学、中学、大学不同的教育学段,因学生、教学内容等的不同,各学段具有相对的独立性。但各学段在教学上又循序渐进,即表明从小

---

① 中国社会科学院语言研究所词典编辑室. 现代汉语词典 [M]. 7 版. 北京:商务印书馆, 2016:1538.
② 卢黎歌, 耶旭妍. 统筹推进大中小学思政课一体化建设研究——学习习近平总书记在学校思想政治理论课教师座谈会上的重要讲话精神笔谈 [J]. 北京工业大学学报(社会科学版), 2020 (1):10.
③ 石书臣. 关于大中小学思想政治理论课教师队伍一体化建设的思考 [J]. 思想理论教育, 2019 (11):17.

学、中学到大学的教学的内容、方法等有着衔接性。思政课即思想政治理论课，它贯穿大中小学各学段，以立德树人为根本任务，以马克思列宁主义、毛泽东思想、中国特色社会主义理论体系的基础知识和党的路线、方针、政策等为指导思想和主要教学内容。教学一体化是指各个相对独立的学段在教学上紧密联系、相互衔接、共同努力，使整体的力量得到最大的优化。

结合大中小学各学段思政课的特点，可尝试将大中小学思政课一体化定义为，从整体的高度统一规划大中小学思政课的教学，以立德树人为根本任务，遵循学生的身心成长规律和教育规律，从教学目标、教学内容、教学方法、教师队伍等方面入手，把大中小学思政课整合成一个纵向衔接、螺旋上升，横向贯通、资源共享的整体，从而发挥大中小学思政课的协同育人作用，培养社会主义的接班人。

2. 大中小学思政课一体化的目标

立德树人是思政课的根本任务，是思政课一体化建设的总目标。从个人发展的角度来看，大中小学思政课一体化要着眼于促进学生的全面发展和个性发展；从推进社会发展的角度来看，大中小学思政课一体化着眼于提升学生的公民意识，不断增强学生的社会化程度；从国家发展的角度来看，大中小学思政课一体化要着眼于增强学生的政治认同、家国情怀、使命担当等，促使学生成长为社会主义合格的接班人和建设者。

总目标是各学段目标确立的总指南和推进的总原则，各学段目标服务、从属于总目标。大中小学各学段教学目标的确定要与总目标朝着同一个方向发展，分析培养对象的不同，厘清各学段思政课教学的差异性与关联性。小学阶段的思政课是大中小学思政课一体化的基础环节，其目标为："启蒙学生的道德情感，提高学生的道德认知，引导学生形成爱党、爱国、爱社会主义、爱人民、爱集体的情感，具有做社会主义建设者和接班人的美好愿望。"[①] 中学的思政课是大中小学思政课一体化的中坚环节，一般分为初中、高中两个阶段。前者尚处于义务教育阶段，其目标为巩固小学思政课的教学成果，衔接高中思政课的教学，强化学生做社会主义建设者和接班人的思想意识，为高中的深入学习奠定思想基础；后者则在前者的基础上，提升学生的思想政治学科核心素养，形成做社会主义建设者和接班人的政治认同。大学的思政课是每一个大学

---

① 中共中央办公厅，国务院办公厅. 关于深化新时代学校思想政治理论课改革创新的若干意见[N]. 人民日报，2019-08-15（1）.

生都必须学习的课程，有别于思想政治教育专业课，它是大中小学思政课一体化的思想升华阶段。其目标为通过更具有理论性、概括性、系统性的思政知识，让学生深入地学习马克思主义、马克思主义中国化的理论成果以及中国的社会主义现代化建设实践，引导学生争做社会主义合格建设者和可靠接班人。

各学段思政课教学目标是总目标的具体表现形式，通过分目标的实现来真正地落实总目标。同时，各学段的教学目标是相互衔接、递进的，即前一目标是后一目标实现的基础，后一目标是前一目标的拓展与延伸，两者互不可分。

3. 大中小学思政课一体化的系统内容

大中小学思政课的教学内容是其发挥思想政治教育功能的核心，是实现教学目标的主要载体。依所在学段的思政课程内容以及标准进行编制的教材内容是思政课教学的主要内容。大中小学思政课教学以坚持习近平新时代中国特色社会主义思想为导向，以社会主义核心价值观为重点，以爱党、爱国、爱集体、爱人民为主线，系统学习马克思列宁主义、马克思主义中国化的理论成果，开展心理健康教育、法治教育、劳动教育以及优秀传统文化教育等，让学生掌握科学的世界观与方法论，培养符合社会主义要求的人才。

为了增强思政课教学的针对性，教学内容的设置要充分考虑学生的认知情况和需求，对不同学段的内容进行有序的安排，避免重复、交叉或者缺位、错位的现象出现。从不同阶段来看，小学阶段以基础性教学内容为主，引导学生养成良好的行为习惯和道德情感；中学阶段以情境体验性内容为主，培养学生的社会责任感，引导其形成正确的社会价值观和价值判断；大学阶段以理论性和探究性学习内容为主，帮助学生确立坚定的理想信念。上述三个学段的教学内容由浅入深、由简到繁，各有侧重，连贯构成教学内容的一体化。

4. 大中小学思政课一体化的特点

第一，整体性。大中小学思政课教学一体化从整体作用大于部分作用之和的角度出发，在各学段思政课教学发挥有效作用的基础上，形成大中小学思政课教学合力，从而让学生在不间断、螺旋上升的教学中，在各学段的共同教学中，成为拥有正确"三观"的社会主义"四有"新人。同时，大中小学思政课一体化要求对思政课教学的总目标和各学段教学目标、教学内容以及教学方法进行统筹设计，使各学段教学与学生的认知发展规律、教育规律相匹配，达到思政课最佳的教学效果。整体规划思政课教学资源也是其重要的一部分。大中小学是相对独立的学段，其拥有的思政课教学资源大都受限于各自地区、学校、学段的范围，获取的教学资源有限。在思政课教学一体化下，大中小学的教学资源可以整合进行统一的安排，在各学段间实现教学资源的互通、互鉴以及共享，使现有的思政课教学资源实现价值的最大化。

第二，层次性。大中小学思政课一体化作为一个有机整体，由大、中、小学三个阶段的思政课组成。这三个阶段的学生从小学、中学到大学在年龄、认知、情感等方面日益成长，思政课的学习、教学亦是由浅入深、由小及大，将思政课打造成一个紧密相连的跨学段有机整体。各学段思政课从属于一体化这一整体，但各学段思政课在全学段要求的前提下，又有着自己的特色，发挥着各自不可或缺的作用。只有发挥好部分的作用，才可能达到整体大于部分之和的目的。大中小学思政课教学存在着层层递进的关系，高低学段的思政课教学要根据学生的认知水平、学习需求和接受能力，因材施教，统筹设计各学段教学的特点与差异，完成各自学段的教学任务，为大中小学思政课一体化建设提供力量。

第三，衔接性。各学段思政课教学有着相对独立性，相邻学段要有良好的教学衔接才能更好地将大中小学的思政课紧密地联系成为一个整体。小学与中学、中学与大学的纵向教学衔接让各学段的思政课有机联系起来，从教学内容、教材、教学方法、教学评价等角度进行不同学段的衔接，强化、扩展学生的知识结构，为学生的下一阶段学习打下基础。同时，相邻学段之间的教学衔接要避免重叠和跳跃，而要在各学段贯通思政课教学资源，实现大中小学协同育人。

二、大中小学思政课一体化建设的基本原则

大中小学思政课一体化需要遵循一定原则，只有坚持系统性与层次性相结合、统一性与多样性相结合、科学性与教育性相结合，才能推动大中小学思政课教育教学循序渐进、螺旋上升，实现大中小学思政课的一体化建设。

（一）系统性与层次性相结合

大中小学思政课作为一个系统，是由若干相互联系、相互影响的要素构成的一个有机整体，是一个有着内在规律性的有序体系。大中小学思政课包含管理、师资、资源、科研、内容、方法以及评价多个子系统，这些子系统相互独

立，同时又相互制约、相互作用，共同构成思政课的整个大系统。大中小学思政课一体化要把握规律性、逻辑性，使各个子系统各得其所、各尽其职，充分发挥自身作用，从整体上形成强大合力，发挥最大优势。这好比一个机器，缺少任何一块零件都不是完好的，都不能正常安全地进行工作；好比一个乐高玩具，缺少任何一块积木都不是完整的，都不能顺利无缺地进行搭建。遵循系统性原则，就要充分发挥大中小学思政课子系统的优势作用，实现整体大于部分之和的效果。坚持系统性原则，可以使学生对知识的学习和理解具有规律性，从而增强学生对知识的记忆程度、提升学生对知识的消化和理解能力，这不仅符合人的认知规律，也是思想政治教育内容顺序性要求的题中之义。大学思政课、中学思政课、小学思政课也是大中小学思政课一体化这个大系统的子系统，遵循系统性原则就要打破各学段相互孤立的局面，循序、系统、连贯地进行大中小学思想政治教育。

同时，由于大中小学思政课从属于不同的教育系统，不同学段学生身心发展规律和特征不同，思想政治教育规律在不同学段学生思想和行为上表现不同，因而在大中小学思政课一体化中还要体现层次性。把大中小学思政课作为一个整体、一个系统，在循序渐进、连贯地进行思想政治教育的同时，还要切实关注大学、中学、小学思政课的层次差异性，不能采取一以贯之、呆板不变的教学方法和管理体制，要依据不同阶段思想政治教育规律和学生身心发展特点进行教学管理。遵循层次性原则，就是在每一学段应用适时、适事、适人、适物的方式方法，同时，做好学段衔接，使之层次性递进。

总之，大中小学思政课既是一个大系统，有着共同的教育总目标，本质上仍在一个系统性的思想政治教育体系内，但又由于不同学段教育内容、受教育者发展阶段不同，需要遵循各学段层次性特征和规律，实现思想政治教育的有效衔接。可以说，只有在思想政治教育教学过程中遵循系统性与层次性相结合的原则，才能够更好地推进大中小学思政课一体化。

（二）统一性与多样性相结合

推进大中小学思政课一体化要坚持统一性与多样性相结合的原则，既要贯彻落实统一要求，又要因时制宜、因地制宜、因材施教地进行管理和教育教学等方面的多样性探索，这样才能在互动互融中提高教学质量，增强思政课的亲和力、感染力、针对性和实效性。而思政课作为落实立德树人根本任务的关键课程，更是一门充分体现执行党和国家意志的课程，通过对学生进行"社会主流意识形态的灌输与教化",提高学生的思想政治道德素质,进而为国家的高质量发展和社会的全方位进步服务。思政课的性质和任务要求思政课围绕统一目标,遵照统一规范,坚持统一要求,将落实统一性的要求贯穿教育教学和管理的全过程。同时,由于思政课受众差异性很大,不同的人接受思想政治教育的环境、地点、时间、背景、条件等各不相同,思想政治教育要在坚持统一性原则的同时尊重差异、坚持多样性原则,根据具体条件下的实际情况采取不同的方式方法,遵循多样性原则才能将科学理论转化为实践操行,才能真正把思想政治教育渗透人心、发挥作用。

应在思想政治教育总目标上明确定位,始终为培养一代又一代社会主义合格建设者和可靠接班人而努力,同时又在大学、中学、小学各学段思想政治教育目标上根据学生身心发展阶段和要求的不同而设置相应的学段教学目标,以便在遵循思想政治教育规律的基础上满足各学段学生成长发展需求。这便是大中小学思政课一体化在教育目标上坚持统一性与多样性相结合原则的体现。在思政课程属性和思想政治教育规律的影响下,在不同学段和不同课程中,不可避免地需要适度合理重复一些教育内容,为有效达到教学目的,这个时候就需要教师根据教学目标要求和学生特点需求,对相同或类似的教育内容采取多样的教学方式方法,避免重复累赘带来的不利影响。

总之,坚持统一性与多样性相结合的原则,才能在遵循思想政治教育规律的前提下,满足不同学段学生成长发展需求,才能在学科发展的同时发展教学,才能在尊重理论的同时创新实践,才能推进大中小学思政课一体化建设。

(三) 科学性与教育性相结合

科学性与教育性相结合的原则,是指教学要以马克思主义为指导,传授学生科学知识和先进技能,并在进行知识、技能教学的同时结合知识、技能中内在的德育因素,从而对学生进行思想政治道德和科学的世界观、人生观、价值观教育。这个原则表明了我国教育的基本指向和根本目标,既是我国培育德智体美劳全面发展的人的需求,也是社会主义精神文明和物质文明建设的需求。这一原则的实质是要求在教学活动中把教书和育人有机地结合起来,即表明了教学的科学性与教育性是相辅相成、相互促进的。

科学性是指事物符合客观事实,教学内容符合科学依据,教学方式符合发展规律。在思想政治教育教学领域,科学性主要是指马克思主义理论本身是科学的,即具有真理意义和指导意义,其真理意义表现在它是真实的、科学的、且经过实践证明是正确的，其指导意义表现在它是有效且有价值的，能够指导实践的发展。需要注意的是，这里指出的马克思主义理论是广义范围上的马克思主义，既包括马克思、恩格斯创立的科学理论，列宁、斯大林发展创新的马克思主义，又包括其在实践过程中与中国实际相结合的产物，即毛泽东思想和中国特色社会主义理论体系。教育性是指在进行知识教学的同时加强思想观念、政治观点、道德规范等精神价值与思想品德的教育。在思想政治教育教学领域，教育性主要是指在传授学生学科知识之外，提升学生的思想政治道德修养，培养品德高、情操高、觉悟高，且勇于实践的时代新人。

科学性重在确立课堂教学的结构和主要内容，而教育性重点在于为教师和学生指明教育教学的根本方向。教学的科学性是教育性的前提，学生只有掌握了科学知识，才能正确认识客观事物及其规律，为改造世界提供知识储备。这就要求大中小学思政课教师在教学中要认真地按照学科课程标准把教学目标和教材内容的基础知识及基本技能吃透并传授给学生，要做到对教材的分析、概念的表述准确无误，提供的材料真实可靠、推理严密，教学的组织和方式恰到好处，保证教学的科学性。而教学的教育性是科学性的保障，学生只有拥有完善的品格，以德促才，才能发挥知识的真正价值，这就要求教师全面理解教育目标和任务，以饱满的热情、认真的教学态度、循循善诱的教学方法，结合教学内容的特点和学生成长规律，通过教育教学活动的多种方式和环节，如课堂课外、线上线下、作业考试、教学实践等对学生进行思想政治教育，使学生的思想、道德、情感、政治观点受到启发、得以提升，保证教学的教育性。正如思政课的课程属性所要求的，思政课不仅仅是要传授给学生知识性的内容，更重要的是要通过教育达到教书育人的作用，塑造有品德、有理想、有信念、有勇气、有文化的新时代人才。大中小学思政课一体化就是为了使大中小学生通过有序连贯的思想政治教育，形成自始至终良好发展的思想政治道德修养，因而坚持科学性与教育性相结合的原则，才能更好地推进大中小学思政课一体化，实现理想的思想政治教育目标。

三、大中小学思政课一体化建设的内容板块

教育最终的目的是回归生活与实践，为社会发展的需要服务。思政课对青少年的德育形塑与价值引领要以知识为载体，以具体的教学内容为素材来展开。根据思政课育人的总目标和各学段教学的具体目标特点，科学构建出大中

小学思政课一体化建设的内容板块是提升思政课育人水平的重要手段。关于德育内容板块体系的构建,上海市经过长期的教育探索,在 21 世纪初提出了"政治认同、国家意识、文化自信和人格养成为四大内容板块"①。随着思政课的改革与发展,2019 年中共中央办公厅和国务院办公厅印发的《关于深化新时代学校思想政治理论课改革创新的若干意见》明确提出,要以政治认同、家国情怀、道德修养、法治意识、文化素养为内容板块,以更好地做好思政课的一体化建设,完成立德树人根本任务②。

(一) 政治认同

政治认同就是使学生在对国家政治常识有基本了解的基础上形成政治认可和赞同。在培育学生形成政治认同的过程中,主要是通过党的领导教育把党的理论传授给学生,让学生对我国的道路和国家的性质及其制度有基本的了解,明白我国发展的路线方针与政策。同时,开展科学理论教育,使学生积极参与到国家发展与建设之中,引领学生在国家常识教育中增强家国情怀,坚定政治信仰。

党的领导教育主要是引导学生了解"四史",着重了解中国共产党的发展史,了解党的领导权是无数革命先辈历经千辛万苦换来的,使学生深刻认识到中国共产党的领导是全面的领导,党的领导居于核心地位,党是领导一切的。道路选择教育是指导学生了解社会主义道路发展的基本历程,深刻认识到我国取得的巨大成就都是基于党的坚强领导,基于对社会主义道路的坚定选择,以此增强道路自信。国家性质教育是让学生更加深刻地认识我国的国家性质,以此增强学生的主人翁意识,提升家国情怀。政治制度教育重点是引领学生认同我国的根本政治制度和基本政治制度,使学生认识到中国特色社会主义的优越性,深入理解建立政治制度的必要性和价值性,提高制度自信。路线、方针、政策教育主要是深化学生对我国发展的基本路线和基本方针,了解国家实施的政策方针。科学理论教育则是引领学生学习马克思主义理论,用科学理论和思想指导学生前进的方向,增强学生的理论自信。

---

① 翁铁慧. 大中小学课程德育一体化建设的整体架构与实践路径研究 [J]. 上海师范大学学报(哲学社会科学版), 2018 (5): 5.
② 中共中央办公厅, 国务院办公厅. 关于深化新时代学校思想政治理论课改革创新的若干意见 [N]. 人民日报, 2019-08-15 (1).

（二）家国情怀

家国情怀教育主要包括国家利益教育、国情意识教育和国际视野教育等方面的培育与引领。

国家利益教育是引导学生认识国家利益的重要地位，培养学生正确处理好个人发展与国家发展之间的关系，树立正确的国家观。国情意识教育是对学生进行国家在经济、政治、文化及其社会发展各方面的基本情况教育，引领学生正确判断我国发展的历史方位。国际视野教育是帮助学生正确认识我国的发展对全球的价值所在，认识到中国的发展会给全球经济社会的发展带来机遇。引领学生以互利互惠的态度对待多元化发展局势，树立求同存异的眼光，以更加开放的眼光促进发展。总之，学生通过学习深刻感受到我国的发展取得了辉煌成就，提升荣誉感，以此增强家国情怀。

（三）道德修养

道德修养教育的重点是对学生进行思想熏陶和价值塑造，不断健全学生人格，使学生形成高尚的品质。在人格养成教育中，要坚持学生的主体地位，把道德建设和意志磨炼作为重点内容。事实上，青少年时期的道德品质与未来整个人生的发展息息相关，如果青少年时期没有形成正确的"三观"，那么未来发展的道路就容易走偏走错。因此，学校应以道德规范、诚信守法、品格意志、身心健康为教育重点，不断健全学生的道德修养。

道德规范教育主要引导学生从小养成良好的行为习惯，使学生全面认识道德对人生发展的重要性，教育学生做一个有道德的人。诚信守法教育主要开展诚信教育和法律教育，引领学生养成诚实守信的价值理念，增进学生对法律的了解。品格意志教育主要引领学生形成高尚的品格与坚强的意志，锤炼学生的坚强意志。身心健康教育主要引领学生形成积极健康的生活方式，积极地面对人生发展中遇到的困难，正确看待人生的得与失，形成正确的价值取向。

（四）法治意识

良好的法治意识不仅是一个人立身做事的基础，而且还是一个民族、国家稳定有序的基石。只有形成较高的法治意识，才能保证社会秩序的平稳运行，才能保证社会规则不被打乱，从而形成民主文明、公平正义的和谐社会。法治作为维护社会稳定前进的准绳，需要每一个人信仰与遵守。由于青年学生较多时候处于家庭和校园这样一个较为安全、和谐的空间，法治意识淡薄，法治思维不够严谨。因此，法治意识教育的重点则是加强对学生的法治教育，引导学生学法、懂法、知法、守法，让学生形成对法的信仰和维护。

法律是道德的升华，道德是每个人内心中形成的法律。因此，加强青年学生的法治思维培养，既需要对学生进行法治教育，也需要开展道德教育。一个道德更为清晰的人，法律界限更加明了，对法的遵守与维护更加严格。为此，要注重把道德教育和法治意识教育结合起来，使学生在具备良好的道德品质的同时，做到维护法律的权威，形成对法律的信仰。

（五）文化素养

文化素养教育就是引领学生认识到我国文化自信的三大文化来源，增强对文化的内心认同。文化不仅是推动社会发展的有力抓手，还是对学生进行德育熏陶和价值引领的重要内容。文化素养教育的重点主要有三方面：一是引领学生继承我国的优秀传统文化，二是带领学生深刻认识我国红色革命文化，三是带领学生认识改革开放以来在我国发展的伟大实践中形成的社会主义先进文化。

中国作为文明古国有着丰富多彩的优秀传统文化，正是这些优秀的传统文化不断激励着发展的动力，诸如亲民仁爱、诚实守信、团结统一、热爱和平、坚强不屈等都是优秀传统文化的结晶。优秀传统文化教育重点引领学生挖掘和阐发中华优秀传统文化基本内涵，让学生深刻领悟中华优秀传统文化所蕴含的时代价值，启发学生对其继承和发扬的思考，形成文化自信。革命文化教育重点引领学生全面了解中国人民同"三座大山"作坚决反抗的伟大斗争历程，了解中国人民为了捍卫国家主权同帝国主义艰苦奋战的伟大斗争历程，了解同国民党反动派作斗争到最后抗美援朝保家卫国的伟大斗争历程，让学生从伟大的斗争中汲取革命文化的养分，形成价值引领和德育熏陶。例如"红船精神""抗日精神"等无不彰显着红色革命文化的深刻内涵。先进文化教育重点帮助学生全面了解改革开放以来在中国特色社会主义建设中形成的时代精神。例如，在面对自然灾情中形成的抗灾精神、抗洪精神，在航天事业发展中形成的航天精神等都是先进文化的积淀。通过对以上这些文化的学习，形成良好的文化素养，增强文化自信。

四、大中小学思政课一体化建设的目标和任务

大中小学思政课一体化建设过程中应以落实立德树人这一根本任务为总方针，充分依据各学段学生的思想实际、成长特点、身心发展规律以及各学段学情、教情特点，落细落小落实铸魂育人总体目标，体现阶段性目标的具体性与层次性以及根本性目标的整体性与概括性，实现二者之间的横向同行、纵向深化、逻辑进阶、整体融合。

（一）实现铸魂育人总体目标

从面向对象来看，"立德树人"是面向各学段的学生群体，"铸魂育人"则是面向当代中国全体人民，其范围更加广泛、意义更为深远。从内涵指向来看，"立德树人"的"德"指的是德育范畴的包含价值观念、道德伦理等在内的"大德"，而"铸魂育人"中的"魂"则是高度凝练、浓缩的价值核心，即表明"铸魂育人"具有更鲜明的意识形态性。

魂是神的根本，无魂魄即无精神。大中小学思政课要想做到帮助学生坚定理想信念、塑造道德品格、引领精神发展，必须以"铸魂"为根本性目标，牢牢抓住"育人"的关键。新时代思政课铸魂育人，就是要夯实各学段学生的思想基础，铸牢学生的精神追求、价值取向，为他们的信念固色、增色。换言之，不管是社会意识形态主阵地建设还是学校教育体系构建，"铸魂育人"总体目标都应担当起更为重要的意识形态引领作用。此外，铸魂育人是一项教育系统的战略性工程，而思政课建设是育才育德的龙头工程。作为学校意识形态建设的主阵地，思政课应当把实现铸魂育人总体目标作为重要的目标诉求，将国家对培养新时代人才的需求作为参照坐标，在各学段分别树立系统思维，科学审视各学段的育人目标是否贴合学生年龄特征、知识接受水平和心理发展特点，并时刻以学生的发展实际为切入口和对照，逐步实现铸魂育人总体目标和各学段学生身心培养具体目标的有效互动和融会贯通。

（二）落实立德树人根本任务

2019年8月，中共中央办公厅、国务院办公厅印发的《关于深化新时代学校思想政治理论课改革与创新的若干意见》强调指出，"思政课是落实立德

树人根本任务的关键课程，发挥着不可替代的作用"①。思政课要认真回答好"培养什么样的人，怎样培养人以及为谁培养人"的问题，帮助学生树立正确的世界观、人生观、价值观，坚定对马克思主义的信仰，坚定对社会主义和共产主义的信念，增强中国特色社会主义道路自信、理论自信、制度自信、文化自信，厚植爱国主义情怀，把爱国情、强国志、报国行自觉融入坚持和发展中国特色社会主义事业、建设社会主义现代化强国、实现中华民族伟大复兴的奋斗之中。以上这些构成了大中小学思政课一体化建设的课程价值追求，将教育纳入现代化建设中并进行现代性转化，符合新时代对于未来人才培养、实现中国梦以及建设社会主义现代化强国的需要。总之，思政课建设应当始终将立德树人的标准贯彻于思政课程目标体系、内容体系、评价体系建设的全过程中，实现思政课建设目标与学生成长成才的同频共振，以此保障思政课一体化建设的高质量、高水准。

五、新时代大中小学思政课一体化建设的必要性

统筹推进大中小学思政课一体化建设，对贯彻落实立德树人根本任务、构建中国特色思政课程体系，具有与时俱进、深远持久的意义。

大中小学思政课要顺应时代发展，反映时代要求，关注学生个性化、多样性的学习和发展需求，及时更新思政课程内容，反映中国特色社会主义理论和建设的新成就，对发展大中小学生的思想道德素质，促进学生不断成长和进步具有十分重要的意义和价值。实现新时代大中小学思政课一体化是全面贯彻落实党的教育方针的必然要求，既是促进学生个性全面和谐发展的迫切需要，培育社会主义核心价值观的现实要求，也是弘扬中华优秀传统文化的客观诉求。

（一）全面贯彻落实党的教育方针的必然要求

贯彻党的教育方针有很多新要求，认真研究不难发现，对于一些根本性的东西要继续坚持，同时也要努力实现育人的重要目标。为了全面贯彻落实党的教育方针，思政课程理念和课程内容要与时俱进，这在一定程度上有利于提高学生的思想道德素质，促进学生不断成长和发展。

大中小学思政课通过顶层设计，进一步优化课程目标、课程内容、课程评

---

① 中共中央办公厅，国务院办公厅. 关于深化新时代学校思想政治理论课改革创新的若干意见[N]. 人民日报，2019-08-15（1）.

价、教师队伍和课程保障五方面的具体内容，同时在不同学段中，提供最适合他们理解水平和接受能力的学科知识，满足社会发展对大中小学生的要求。另外，由于党的教育方针在不同时期有不同的要求，与此相对应，大中小学思政课也需要不断演进，以适应党的教育方针提出的新要求。全面贯彻落实党的教育方针要注意结合大中小学思政课的具体实际情况，体现大中小学思政课的基本特点。例如，培养时代新人，这是党的教育方针对"思政课的主要任务是什么"这个问题的回答。但时代新人在不同学段的具体含义和具体要求，以及它们对大中小学思政课提出的新要求，党的教育方针并没有做出详细规定，这都需要大中小学思政课教师结合自身实际，不断进行调整和完善，实现立德树人的根本任务。简言之，大中小学思政课的演进过程是贯彻党的教育方针的实践过程。在大中小学思政课的演进过程中，我们要坚持党的教育方针，坚持党对思政课改革与发展的领导。

（二）促进学生个性全面和谐发展的迫切需要

大中小学思政课的最终目的就是促进大中小学生全面发展，其中全面发展有丰富的内涵，不仅应该包括个性全面发展，也应该包括和谐发展。可以说，大中小学思政课一体化是促进学生个性全面和谐发展的迫切需要，加快大中小学思政课一体化建设进程，需要国家、学校、思政课教师和学生共同努力。因此，思政课应居于核心地位，并在和谐全面发展的德智体美劳五育中居于核心地位。思政课必须把培养大中小学生正确、远大的理想和坚定的信念放到首位。

思政课教师既要侧重于培养学生各个方面的发展，也要侧重于培养学生的全面发展，需要特别重视德育的重要意义和重要价值[①]。但这并不是说，在德智体美劳中，什么是主要的，什么是次要的，而只能说其中某些方面对大中小学生的影响要比其他方面大。此外，思政课考试成绩也不应该成为用来衡量、评价大中小学生唯一的、概括一切的标准。思政课教师要用不同的标准衡量大中小学生，从不同的角度看待大中小学生。应试教育向素质教育的转变是一个过程，在这个发展过程中，必须明确促进大中小学生个性全面和谐发展是应有之义。与此相适应，大中小学思政课一体化既是必要的，也是可行的。

---

① [苏]苏霍姆林斯基.给教师的建议[M].杜殿坤，译.北京：教育科学出版社，1984：367.

（三）培育社会主义核心价值观的现实要求

从本质上讲，思政课就是一门传播主流价值观的课程。

第一，社会的价值取向影响和制约学生的价值取向。社会主义核心价值观的出现，在一定程度上对思政课的课程目标和课程内容提出了新要求。这表明大中小学思政课一体化既是必要的，也具有十分重要的意义和价值。例如，爱国主义作为社会主义核心价值观个人层面的一个方面，在大中小学思政课中具体表现在以下两个方面：一方面，爱国主义对大中小学思政课程目标提出新要求。爱国主义作为思政课的总目标，大中小学分目标各有侧重，即小学生要具有爱国意识，中学生要学习与爱国主义有关的学科知识，而大学生要具有理性的爱国情。另一方面，爱国主义对大中小学思政课程内容提出新要求。小学思政课教师可以讲述与爱国主义有关的小故事，中学思政课教师可以讲授与爱国主义有关的基本知识，大学思政课教师则可以让大学生明确爱国主义的使命担当。

第二，学生的价值取向决定整个社会的价值取向。学生在学习社会主义核心价值观的过程中，积累许多新经验，而在此基础上，国家可以进一步完善顶层设计。学生处于人生的重要阶段。培育社会主义核心价值观有利于学生坚定正确的理想信念，明确正确的人生方向。总之，大中小学思政课一体化有利于培育社会主义核心价值观。

（四）弘扬中华优秀传统文化的客观诉求

在传统文化中既有积极的要素，也有消极的要素。传统文化中的积极要素就是中华优秀传统文化，对此要认真学习和大力宣传。而对于传统文化中的消极要素，则要努力识别。中华优秀传统文化中有许许多多关于道德教育的内容，可供学习和借鉴。

第一，弘扬中华优秀传统文化促进大中小学思政课一体化建设。中华优秀传统文化是大中小学思政课最生动的课程资源。例如，中国精神对大中小学思政课的课程目标和课程内容提出了新要求。小学思政课教师可以通过讲述与中国精神相关的小故事，让小学生了解中国精神；中学思政课教师可以通过讲授中国精神的具体含义，让中学生思考如何弘扬中国精神；大学思政课教师可以让学生写小论文，明确使命担当。

第二，大中小学思政课一体化的建设进程就是弘扬中华优秀传统文化的过程。目前，思政课教材中有大量的传统文化知识。将传统文化融入思政课，需要对大中小学思政课进行系统设计和综合布局。

第二节　大中小学思政课一体化建设的逻辑理路

大中小学思政课一体化建设进程中蕴含着丰富的逻辑理路。从理论逻辑分析，包括马克思主义相关理论、思想政治教育学相关理论为其建设与发展奠定了理论基础；从现实逻辑分析，大中小学思政课一体化建设是培养堪当民族复兴大任的新时代人才、抵御西方消极腐朽的社会思潮渗透与破解思政课系统性不足、针对性不强的需要。

一、理论逻辑：大中小学思政课一体化建设的理论基础

深入探索大中小学思政课一体化建设问题，具有重大的理论价值与理论意义。其中马克思主义、思想政治教育学、皮亚杰的认知发展理论和建构主义学习理论等相关理论，为大中小学思政课一体化建设理论的形成奠定了深厚的理论基础。

（一）马克思主义相关理论

第一，马克思主义关于人的自由全面发展的理论。马克思人本思想以"现实的人"为逻辑起点，以"人的自由全面发展"为终极目标，这些是马克思主义理论体系的重要组成部分。人的自由全面发展就是人的需要及其能力的全面发展、人的社会关系的全面丰富、人的个性自由发展及人的素质的全面提高[①]。处于一定社会关系中的人，一般不可能通过人的自我认知成长，发展人的劳动能力，丰富人的社会关系，提升人的个性与素养，这就需要充分发挥学校思政课由外而内、由表及里的渗透作用。同时，人的社会本质属性的发展也不是一蹴而就的，而是伴随着人的社会关系发展而逐步认知发展的。大中小学思政课的课程目标与教材内容涉及了正确处理人与自我、人与家庭、人与集体、人与民族、人与国家、人与全人类、人与自然等由低到高不同层次的社会关系，融入了思政学科核心素养，这正是满足当下中国学生发展核心素养全

---

① 陈妍. 新时代大中小学思想政治教育衔接研究[D]. 武汉：华中师范大学，2021.

面形成的迫切需要。因此，加强各学段思政课一体化建设，也是一项遵循人的认知规律与社会关系发展，逐步实现人的自由全面发展的系统性工程。

第二，马克思主义关于人的认识过程发展的理论。人们在认识某一具体事物时，一定是在实践过程中先接触到这一事物，再反映到头脑中，这一过程充分发挥人的主观能动性，全面掌握符合实际的感性材料，初步形成简单的认识，即感性认识。在此基础上，通过科学的思维方式，将感性认识上升到理性认识。我们用已掌握的理性认识再次投入实践，在实践的过程中又会发现新的问题，对这一事物产生新的认识和更加客观全面的认识。这一认识过程是循环往复的。可以说，受价值观念、思维方式、社会发展水平等因素的影响，人的认识始终是无限发展，没有终点的。但是人类认识过程的反复循环不是简单的重复，而是有反思有进阶的反复，"无限地近似于一串圆圈、近似于螺旋的曲线"①。从中华人民共和国成立到改革开放再到新时代，学者对大中小学思政课的衔接问题的探索也经历了反复认识与实践的过程，每一次的认识与实践都是我国思政课程改革建设所取得的宝贵经验，是进一步推进思政课程建设的重要基础。同时，在探索过程中发现，不同学段的学生对事物的认知与理解水平也存在一定差异。随着年龄的增长与学段的上升，学生的认知水平与能力也在不断地呈螺旋式上升。低年级的学生认识事物时，由于实践经验不足，基本为感性认识，因此思政课程多以浅显易懂为主。随着年级与学段的提升，在课程目标设定、教材内容编写、教学实践开展过程中也遵循人的认识发展规律，在先前的基础上逐渐增加难度、挖掘深度、拓宽广度。

第三，唯物辩证法关于联系与发展、整体与部分的观点。首先，大中小学三个学段的思政课不是独立存在的，从各学段的课程目标的制定到教材体系的架构，都体现出紧密联系、层层递进、相互贯通的特征。并且各学段的思政课与其他课程也不是相互孤立存在的，思政课对其他学科课程起到政治引领与价值引领的作用，其他课程是落实课程思政建设的重要载体。除学校教育外，社会与家庭也为充分发挥思政课程独特的育人作用，发挥着关键的托底与辅助作用。唯物辩证法认为，一切事物都是不断运动、变化、发展的，并且都是在遵循一定客观规律的基础上的前进与上升。随着时代的发展与进步，思政课程的课程目标、教学方式、教学内容、教育对象等要素也是变化发展的，都有其独特的时代特征。可以说，大中小学思政课一体化建设经历了一个漫长的发展过

---

① 中共中央马克思恩格斯列宁斯大林著作编译局. 列宁全集：第55卷 [M]. 北京：人民出版社，2017：311.

程。不同时期,我们党和国家都大力关注大中小学思政课程的建设问题,也结合当时实际情况对思政课程的课程目标、教材体系、课程开设等方面做出调整与改进。其次,大中小学思政课就是一个统一的有机整体。纵向各学段共同构建成一个完整的德育链,横向各思政课要素构建成一个完整的德育网。大中小学思政课一体化建设是一个宏观的大问题,因而要用全局观念来审视,从全局着眼做好大中小学思政课一体化建设的顶层设计。同时,在推进过程中,又要落实到教师、教材、教学等每一具体环节,抓住关键部分的建设,夯实基础,以此带动思政课一体化建设工程整体的发展,避免思政课改革建设成为空中楼阁。

(二) 思想政治教育学相关理论

第一,思想政治教育过程与规律。人类的所有活动都处于不断运动、变化的过程中。相应地,人类的思想政治教育活动也是不断变化发展的。思想政治教育过程具有鲜明的连续性与间断性的特点。这一过程的连续性表现为思想政治教育的长期性与持久性。人的思想品德形成过程,因为受主客观不同因素的影响,所以要经历一个漫长而又复杂的过程。只有经过长期教育、循序渐进、日积月累,一个人的思想政治素养才能得到提升。其实我国对青少年的德育工作就是一个漫长而又复杂的思想政治教育过程,因此我国在结合大中小学生不同学情,在不同学段均开设了目标不同、内容不同的思政课。不同学段的思政课程之间又存在着密不可分的联系。各学段思政课的一体化,就是各学段接力协同进行立德树人。思想政治教育过程的间断性特征则主要表现为阶段性与反复性。一个完整的思想政治教育过程由教育准备、信息交流、理论内化、外化应用和反馈调控等几个阶段构成①,各阶段既相互区别,又彼此衔接。客观环境在不断变化发展,人的思想也会随着社会的复杂变化而不断发展、前进、后退或反复。一次教育并不能全面提高人的思政素质的各方面,而是要根据新环境、新情况、新变化,做出适当的调整。同时,因为人的思想与行为整体上是呈螺旋式上升的发展趋势。这就要求思想政治教育要遵循受教育者个人思想品德发展的客观规律与思想政治教育规律,分阶段地进行思想政治教育。随着时代的发展与进步,我国在大中小学开展思政课程的进程中,多次对思政课程的各要素课程标准、教材体系、课程设置等进行调整与改革,以适应当时社会的

---

① 《思想政治教育学原理》编写组. 思想政治教育学原理 [M]. 2 版. 北京:高等教育出版社,2018:134.

思想品德要求与青少年的全面发展需求，并且各要素之间存在区别又紧密联系。相较于其他学科课程，思政课程贯穿于青少年的整个学习过程，从小学的道德与法治课到大学的思想政治理论课，学习内容层层递进、步步深化。由此可见，对青少年思想品德的培养，贯穿于青少年整个学习生涯，是根据实际情况不断做出调整。现阶段统筹推进大中小学一体化建设，就是我国在步入新时代的现实背景下，对思政课程提出的最新发展要求。

第二，思想政治教育过程的基本构成要素。教育者与受教育者是思想政治教育活动的主要构成要素，二者只有借助教育介体，才能顺利有效展开思想政治教育活动。而思想政治教育者在组织实施教育活动时，体现出鲜明的主导性、示范性与创造性。当今经济全球化深入发展、文化多元多样多变、思想交流交融交锋，思想政治教育的环境与教育对象也复杂多变，这就要求教育者承担起"舵手"的职责，充分发挥引领作用。这也表明思想政治教育者在教育活动中的地位决定了教育者要具备与时俱进、开拓创新的精神与能力。具体而言，思想政治教育者要善于将一般的社会思想品德客观要求同具体的受教育者实际情况相结合，理论联系实际，紧跟时代步伐，创新组织实施思想政治教育活动，这就要求教育者必须具备过硬的思想素质与实践能力。在思想政治教育活动中，受教育者也是不可或缺的要素，与受教育者构成矛盾的两个方面，两者相互依存、相互作用。受教育者的思想品德水平的发展现状，是组织实施思想政治教育的出发点与落脚点。事实上，思想政治教育的最终目标，就是要提升受教育者的思想道德素养，还要引导受教育者自觉做到知行合一。青少年群体具有较强的可塑性，是因为他们正处于价值观念形成的关键时期，价值观念容易受到外界各种因素的影响。因此，教育者就要时刻关注与严格把控青少年群体的思想政治教育。在思想政治教育过程中，教育介体也发挥着关键作用。教育目标在教育过程中发挥着引领、导向、调控的作用。建立科学完备的目标体系，是充分发挥思想政治教育的育人功能的前提。教育内容是联系教育者与受教育者的中介，它不是一成不变的，是随着思想政治教育环境、目标、对象的实际情况的改变而不断调整的，是根据时代要求而不断与时俱进的。教育方法是为实现思想政治教育目标而采取的思想方法与工作方法，而选择与应用科学合理的教育方法，能够使思想政治教育活动紧跟时代步伐，在社会发展与受教育者成长成才过程中处于主动地位，发挥出更大的作用。我国在推进大中小学思政课的进程中，以思想政治教育学相关理论为指导，将一体化建设落实到思想政治教育构成要素一体化的具体层面。总之，从思想政治教育过程构成要素的多个角度出发,进行优化调整,能够大幅提升我国大中小学思政课的实效性。

(三) 皮亚杰的认知发展理论

皮亚杰的认知发展理论从儿童认知发展的过程出发,对不同阶段儿童认知的特点进行了系统的研究。他将儿童心理发展的过程划分为感知运动阶段、前运算阶段、具体运算阶段、形式运算阶段四个阶段,并且他认为四个阶段是连续发生、紧密衔接的,即后一阶段是在前一阶段的基础上形成的,并超越前一阶段。可见,皮亚杰认为任何教育的内容都应与儿童的认知发展水平相匹配。后来,有学者对这一观点进行了概括总结,指出青少年的身心发展是一个不断发展的过程,是一个由低至高、由简单到复杂、循序渐进的过程①。此外,皮亚杰还强调在儿童认知过程中应当发挥学生的主体作用。

皮亚杰的认知发展理论指出学生的认知发展具有顺序性与阶段性,要按顺序、分阶段地逐步提升学生的认知发展水平,这为思想政治教育内容、目标、方法的一体化设计提供了坚实的心理学基础。一方面,要遵循学生认知发展顺序性的规律,在义务教育、高中、大学三个阶段循序渐进设置思想政治教育内容、目标、方法,使教育目标有序进阶,教育内容由易到难、由浅入深,教育方法有序过渡;另一方面,要遵循学生认知发展阶段性的规律,大中小学思政课一体化建设要根据不同年龄阶段的学生展现出来的身心发展水平和认知特点,合理制定教育目标、科学规划教育内容、恰当运用教学方法和评价方式,使不同学段的学生逐步形成思想政治素养,并促使其素养向更高水平发展。

(四) 建构主义学习理论

建构主义的思想来源于认知主义,建构主义学习理论强调新知识与学习者原有知识的联系,强调学习者在原有知识的基础上建立起新的知识体系,并将这种知识体系应用于真实情境中而获得理解。美国著名心理学家斯皮罗是建构主义学习理论的代表人物,他认为学习可分为初级学习和高级学习两种层次。其中,初级学习是学习的低级阶段,学生只需要了解一些重要的概念和事实,在作业中把他们所学的东西按原样呈现出来;高级学习是学习的深化阶段,学生通过系统化理论化的学习,不仅能再现知识,还能建立起知识间的架构联

---

① 迟绍光,王春青.九年义务教育学校理想、道德、纪律教育序列化课程的探索与研究 [J].山东教育科研,2000 (11):23-24.

系，对学习提出一些切中要领的想法。

建构主义学习理论主要包括建构主义知识观、建构主义学习观、建构主义教学观三方面。建构主义知识观认为，知识只是关于某种现象的较为可靠的解释或假设，并不是解释现实世界的"绝对参照"，学习者对知识的接收由自己来完成建构，他们不仅理解新知识，而且对新知识进行分析、检验和批判，通过自己的经验来判断知识是否合理。建构主义学习观认为，学习不是简单被动地把知识通过教师传递给学生，而是主动地由学生建构知识的意义的过程，这种建构是不能让他人来代替的，只能由学习者自己来完成。同时，建构主义学习观看重先前经验的积累，强调师生间的互动教学、学生之间内化和分享交流的过程。建构主义教学观强调学习的主动性、情境性和社会性，主张教师是学生学习的高级伙伴和合作者，意义建构的帮助者、倾听者、促进者，而不是知识的灌输者和提供者；主张学习者是学习信息加工的主体，是意义建构的主动者，而不是知识的被动接收者和灌输对象。建构主义教学观认为，教师是教学的引导者，要充分调动作为教学的主体的学生的主动性、积极性和创造性，教师与学生之间是一种平等和谐的师生关系。

建构主义学习理论为大中小学思政课一体化提供了理论依据，一方面要求学生在上学段具有的思想政治知识经验的基础上，进行主动积极的自我构建，使之与新知识相联系，加深对知识内容宽度和深度的理解，达到思想政治素养提升的目的；另一方面，要求大中小学思政课教师在教学过程中要以引导为主，充分发挥学生的积极主动性，根据不同阶段学生掌握知识水平和能力的不同，灵活运用不同的教学方法。

二、现实逻辑：大中小学思政课一体化建设的现实依据

大中小学思政课一体化建设能够解决我国目前思政课改革面临的问题。它符合对内培养堪当民族复兴大任的新时代人才，对外抵御西方消极、腐朽的社会思潮渗透，破解思政课系统性不足、针对性不强难题的现实需要。

（一）培养堪当民族复兴大任的新时代人才的需要

如今全球化迅速发展，国与国之间的竞争日益凸显，综合国力的竞争归根结底也是人才的竞争。从中华人民共和国成立至改革开放，再到进入新时代，国家实现了站起来—富起来—强起来。我国在国际上的发展阶段也从跟跑阶段

提升为并跑阶段,并逐渐向领跑阶段迈进。在经济、政治、文化等各方面取得长足进步的同时,我们也深刻清晰地认识到自身与发达国家仍存在一定差距。这就对新时代的"新人才"培养提出更高的要求,也为人才发展指明了方向。具体地,新时代的人才不仅要掌握先进技术,还必须具备良好的思想品德与健康的心理和健全的人格。这就要求学校教育在探索发展中,不断地变革和优化人才的培养目标和培养模式。需要注意的是,大中小学思政课并不是一门知识性学科课程,或者说思政课更主要的不是达成知识目标,而是塑造情感态度价值观,是在遵循学生不同发展阶段认知和身心发展规律的基础上,引导学生树立正确的价值观念、养成良好的道德修养的关键途径,同时也为其他学科的建设提供政治引领与价值引领。因此,加快大中小学思政课一体化建设,是我国培养新时代人才的迫切需要。

(二) 抵御西方消极、腐朽的社会思潮渗透的需要

社会思潮是根源于人们在社会生活中彼此之间的物质利益关系,一定时期内反映一定阶层的利益要求的社会意识。在当今时代背景下,意识形态关乎国家与民族的前途与命运,是一个民族自立与承续的灵魂。改革开放以来,我国在全球化浪潮中经济、政治、文化和社会等各个领域都取得了显著成就,但随着发展机遇的还有巨大挑战,即西方社会思潮在全球化大背景下迅速传播与蔓延,尤其是对社会经验不足、思想意识尚未成熟稳定的青少年群体进行意识形态渗透。青少年群体中充斥着西方资本主义社会中的消极腐朽的社会思潮——拜金主义、个人主义、自由主义、享乐主义等。这些现象严重冲击着我国主流意识形态的发展,严重阻碍了我国对青少年进行社会主义核心价值观教育与健全人格的培养。在新时代背景下,我们尤其需要社会主义核心价值观这一精神旗帜的引领,引领我国各族人民团结起来,在前进的道路上,共同应对困难、挑战。而大中小学思政课对于我国从小抓起、从娃娃抓起,培育青少年的爱国心与报国志,坚定理想信念,树立集体意识与团结友善精神,发挥着至关重要的作用。因此,推进各学段思政课一体化建设,是抵御西方消极、腐朽的社会思潮渗透的迫切需要。

(三) 破解思政课系统性不足、针对性不强难题的需要

大中小学思政课是一门贯穿于青少年道德品质养成全过程、全方位的德育课程。并且大中小学三个学段相辅相成,环环相扣,共同承担着独特的育人使

命。但在实际展开教学的过程中，不同学段教学内容设计欠科学、人才培养目标欠明确。我国思政课在改革建设过程中，暴露出一些问题，比如同一重要理论问题，本应在不同学段的学习中有不同程度的涉及，但在实际教学中只有某一学段涉及，其他学段遗憾缺位；再如，课程内容设计难度与对应学段学情不匹配，小学、中学阶段学习内容难度较大现象。各学段之间的过渡性内容设计较为缺乏，导致学生在学习过程中无法将前一学段的知识储备运用到新学段的认知建构中，各学段的课程内容出现相互脱节现象。另外，还有部分思政课教师的教学理念存在偏差，认为教授哪一学段，就负责好哪一学段，没有必要了解掌握其他学段课程目标与课程内容，也没有必要与其他学段的思政课教师进行教研交流，或者可有可无作用不显著。相关部门与学校组织学段内部的教研交流开展得如火如荼，效果显著，但各学段之间的教研交流活动却较少，并未形成常态化局面。同时，不同学段之间的思政课教师与相关德育工作者的一体化教研交流活动没有实现常态化与全覆盖。我国开展大中小学思政课一体化建设，正是重构一体化思政课程体系、重塑一体化思想政治教育理念、破解思政课系统性不足、针对性不强的迫切需要。

三、应用逻辑：大中小学思政课一体化建设的实践依据

大中小学思政课不仅要遵循丰富的理论依据，也要结合社会发展的需要和学生身心发展的需要，合理规划思政课一体化建设内容。

（一）遵循社会发展实际

大中小学思政课程改革的内容植根于社会实践的土壤中，其内容安排从根本上反映了统治阶级的意志，同时也符合社会发展的实际需要。

一方面，思政课程内容的确立受统治阶级意志及社会发展现状的影响和制约。在阶级社会中，思想政治教育的本质都是统治阶级为了增强本阶级意识形态的影响力、引领力，运用反映其根本利益的思想意识，对人们产生影响的社会实践活动，由此可见其鲜明的意识形态属性。同时，思政课程内容要体现作为社会意识范畴的自我规定性，必然要受到一定社会制约，并主要依赖于物质资料的生产方式和水平。

另一方面，思政课服务于社会发展需要。社会的不断发展使人们在精神层面享受更高的自由度，为了满足各个阶段社会发展的不同需要，保证社会和平

有序地发展，统治阶级需要从文化、教育、价值观培育等方面对人们的思想进行约束和引导，从而产生了不同时段中具有差异性的思想政治教育。推进思政课一体化建设正是为了能培养出适应社会发展的时代新人。

综上所述，思政课一体化建设必须以我国社会发展现状和现实需要为依据，在保证科学性、层次性、连贯性的基础上，将教育内容以合理的方式呈现出来，服务于实现党的路线、方针和政策，发挥强化主流意识形态的作用。

(二) 遵循学生发展实际

掌握学生发展实际一直是思政课改革创新的重要抓手。因为思政课教育对象是自身具有主体性的不同年龄段的学生，所以应了解不同阶段学生不同的身心发展特点、发展需要与思想实际，遵循学生阶段性、时序性与个体差异性的思想品德发展规律，这是思政课一体化建设的直接依据。

首先，充分了解学生身心发展特点是思政课一体化建设的重要一环。伴随年龄增加，学生脑神经结构的日趋完善使其心理活动、机能、结构逐渐增强，学生兴趣、爱好、气质、性格、能力等日趋稳定，自我独立与自我教育、反思、评价、调适的意识和能力逐渐提高，这些可为学生品德的养成奠定良好基础。基于此，思政课程内容的选择、编排应充分考虑各个学段学生不同的身心特点，超越阶段的内容设计只会背离教育目标的实现。

其次，把握学生发展需要和思想实际是保证思政课教育效果的关键所在。思政课的教育效果很大程度上取决于课程内容是否能够"入脑入心"，因而课程设置必须以现阶段学生认知发展水平、身心发展实际为参考坐标，这是一条基本原则。思政课程的被接受程度不仅在于思政课丰富、多样的展现形式，更在于其内容的"含金量"，即大中小学思政课内容是否能够满足学生自我实现、交往、学习、尊重、安全等发展需要，是否能够贴合学生思想实际开列"良方"，这对于增强思政课的亲切感、信任感，提升思政课的教育效果至关重要。

最后，学生思想品德发展规律也是思政课程改革建设的必然遵循。青少年阶段是学生思想品德形塑的关键期，在这过程中学生个体主观因素及教育、环境等客观因素相互影响，在外部因素不断"内化"与内部因素不断"外化"的量质变过程中，逐渐形成学生思想品德发展阶段性的新特征。在实际教育实践中，不能让学生思想品德发展总体规律遮蔽不同学生的个性发展要求，思政课教师应通过备课吃透并灵活运用教材内容，尊重学生个体差异，把教材体系有效转化为教学体系,并根据学生具体思想品德发展实际进行"因材施教"。

第三节 推进大中小学思政课一体化建设的现实意义

新时代推进大中小学思政课一体化建设具有加强意识形态建设、提高新时代人才培养质量、提升思政课实效性、探索新时代教育新理念新模式等重要的现实意义。

一、有利于加强新时代意识形态建设

当下社会思潮相互激荡,西方社会意识形态大有向我国渗透之势,对此我国亟须主流社会意识形态加以引导,同时亟须大批具有马克思主义理论基础、中国传统文化及中国特色社会主义思想底蕴的思想政治素养高的人才在浪潮中站稳脚跟、传好接力棒。这就需要从学生的启蒙阶段就加强新时代思政课一体化建设,扣好青年人生第一粒扣子。一方面,思政课一体化有助于巩固和加强社会主义意识形态建设。思政课可以通过最直接、最有效、最集中的途径——课堂教学渠道去引导学生、教育学生,同时思政课一体化对学生的思想道德进行一体式培养,更能提升意识形态教育的正向影响力。另一方面,思政课一体化有助于在全社会凝聚力量。意识形态工作需要在全社会形成包括学生在内的统一战线,提升学生政治素养,对学生进行思想道德教育,而一体化建设将各学段教育贯通,集合家庭、学校、社会、国家各方力量,有助于凝心聚力,巩固社会主义意识形态建设。

二、有利于提高新时代人才培养质量

新时代若要实现社会长足进步、社会建设持续发力,这就需要源源不断的社会主义建设者凝心聚力,共同筑造新时代实现中国梦的万里长城。而推进思政课一体化建设有助于提高新时代人才的培养质量,并为我国不断输送高质量人才。

鲜明的政治性与深刻的学理性是思政课本身具备的特征。一方面,思政课的政治性和思想性能够提升学生的政治涵养。新时代推进大中小学思政课一体化可以有效整合各学段育人资源,强化其课程属性,帮助学生夯实马克思主义

理论功底、坚定政治方向、增强政治素养、肩负责任担当，为我国在各个具体阶段培养符合阶段战略目标的思想水平、政治素养高的人才。另一方面，思政课的学理性能够提升学生的理论水平。思政课一体化建设结合科学的教育理论，不断促进思想政治理论知识架构的补充完善，在对学生持续性的正确引导下，使其从小学至大学形成一个体系完备、科学完善的思政理论体系，在连续性、层次性、阶段性、整体性的思政课一体化培育过程中，逐步培养学生成为适应新时代发展需要的人才。

三、有利于提升新时代思政课的实效性

新时代背景下，学校思想政治教育工作不断进行改革创新，并取得了许多成果。但目前仍存在一些制约思政课实效性发挥的问题，比如思政课程内容重复、倒置、缺失等，这将直接导致中小学理论内化程度不够、知识吸收浮于表面，思政课育人达不到应有效果，学段问题层层累积也影响到大学思想品德、理想信念的培养。

基于此，推进思政课一体化建设可以整体规划多学段的培养目标及内容，并根据学段特点分层次、做衔接，采用更科学的育人方式，结合思想品德发展规律科学育人，有效解决思政课内容存在的问题，进一步提升教学实效性。同时，思政课一体化建设可以整合校内、校外资源，联合社会力量，有效解决育人资源匮乏等问题，破除学校思政课教育长期"单枪匹马"作战等思政课建设长期存在的局面，充分满足学生成长所需，对学生起到校内学习"铿锵有力"、校外实践"润物无声"的良好效果，给予学生更久远、更深层次的影响，有助于学生更好地成长成才。

四、有利于探索新时代教育新理念新模式

自从大中小学思政课一体化建设推进以来，全国各地中小学都纷纷进行改革创新，改革创新的重点热点从原先注重本学段教学环节的改进转变为学段之间的交流互动、增进互补。目前，重视层次性、整体性、衔接性的教育新理念与注重系统化、衔接化的教育新模式日渐日新，大中小学思政课建设改革正以"星星之火燎原之势"在全国各地开展。

在教育理念方面，大中小学思政课一体化促进了对于教育层次性、衔接性

和整体性的侧重。具体地，思政课一体化建设是在教育根本目标、整体内容、评价方式方法等层面进行整体设计，再根据学段属性、特点，以及学生的阶段思维方式及思维特点，"量体裁衣"，将适合学生阶段学习的部分安排在各个学段，同时消除各学段之间"壁垒"，打破隔阂，打通学段层次，在不同学段之间"系上线""拴上绳"，保证学段在各自范围内保持步调一致，保证前一学段能为后一学段打基础、"铺台阶"，为更高层次的学习做好铺垫，同方向、共前进，一起实现最终的教育目标。这是新时代大中小学思政课一体化带来的教育理念上的显著变化，使思政课建设更科学、高效，为思政课一体化建设做好充足的准备。

在教育模式方面，思政课一体化是根据我国实践发展而进行的教育模式的积极探索，有利于实现教育体系化和连贯性发展，提升思政课教学实效性，提升学生的综合素养。思政课建设在保证整体性与学段衔接性的基础上，在横向上注重思政课程与课程思政之间的互动互通，发挥思政课在课程群中的核心引导地位；在纵向上注重各学段的阶段安排和系统布置，促进思政课不同学段之间、思政课程与其他课程之间同向同行；在宏观上形成横纵交错的系统整体，推动新时代教育模式系统化、连贯化发展。

第二章　大中小学思政课教材内容一体化

思政课教材内容一体化既是大中小学思政课一体化建设的题中之义，又是实现思政课内容系统化、适应学生身心发展规律、增强思政课教学实效性的需要，更是培育新时代建设者和接班人的必然要求，这是思政课在新时代发展的必然趋势。

第一节　教材内容一体化相关内容

理论阐释是进行相关理论研究与实践探索的前提与基础。本节对大中小学思政课教材内容一体化建设的基本概念、逻辑依据、意义价值进行相关阐释。

一、概念界定

基于对思政课一体化建设概念的认识，大中小学思政课教材内容一体化建设主要是指围绕立德树人这一根本任务，在遵循思想政治教育规律与学生思想品德形成发展规律的基础上，对马克思主义、毛泽东思想、中国特色社会主义和中国梦教育、劳动教育、法治教育等主题内容进行系统的规划与设计，实现各主题内容在小学、初中、高中、大学各学段思政课教材中的横向有机协调与纵向有效联结。作为思政课一体化建设的子系统，实现教材内容的一体化并非最终目标，其主要强调通过教材内容的整体构建推动思政课一体化建设的发展，进而提高思政课育人实效。

大中小学思政课教材内容一体化建设内涵丰富、外延广泛。

首先，思政课教材内容一体化建设涉及横向与纵向两个方面。就纵向来说，主要是指不同学段或同一学段不同学年思政课教材内容之间的衔接与整合，强调实现教材内容的循序渐进、螺旋上升，这是思政课教材内容一体化建设中的核心内容与关键环节；就横向来说，主要是指思政课教材内容与其他学科教材内容之间的协调问题，是思政课程与课程思政相结合的内在要求。而实现思政课教材内容的一体化主要是强调实现纵向教材内容的一体化，因此下文将以不同学段、同一学段不同学年思政课教材内容之间的纵向一体化为研究对象，立足思政课教材内容本身进行精准切入。

其次，思政课教材内容一体化建设并非一个独立存在的个体，作为思政课一体化建设的根本所在，教学目标、教学方法、教师队伍、机制体制等方面的一体化建设情况都会影响思政课教材内容的一体化建设。但教材内容作为思政课教育教学目标和任务的具体体现，作为开展思政课教育教学的载体和依据，在思政课一体化建设中有着特殊的地位与作用。

思政课的每次改革创新都是通过落实到内容上来实现的[①]，可以说，没有教材内容的一体化，思政课的一体化也就无从谈起。

二、教材内容一体化建设的内在根据

作为推进新时代思政课改革创新的主要抓手及思政课一体化建设的关键组成部分，思政课教材内容一体化建设有其自身的内在根据。具体而言，思政课教材内容的一体化既是遵循学生道德发展规律和思想政治教育过程规律，构建系统完整的思政课程教材体系的应有之义，也是培养"有理想、有本领、有担当"的时代新人的客观需要，更是建设社会主义现代化教育强国的内在要求。

（一）遵循学生道德发展规律和思想政治教育过程规律的重要体现

统筹推进大中小学思政课教材内容一体化建设有着鲜明的科学性，体现在遵循学生道德发展规律和思想政治教育过程规律上。其中学生道德发展规律指学生的思想品德是一个从简单到复杂、从低级到高级逐步形成发展的过程，有其内在的发展顺序；思想政治教育过程规律是指思想政治教育过程中各种要素之间稳定的联系及其发展的必然趋势。

首先，思政课教材内容一体化建设是遵循学生道德发展规律的重要体现。一方面，人的道德发展是一个由低级到高级、由简单到复杂的波浪式前进和螺旋式上升的过程[②]。也就是说，人的道德发展具有客观性、发展性、渐进性、

[①] 王立仁，白和明. 关于大中小学思想政治理论课课程内容一体化建设的构想[J]. 思想理论教育，2019（11）：11.

[②] 詹万生. 整体构建德育体系总论[M]. 北京：教育科学出版社，2001：313.

阶段性和层次性的特征。思政课建设着眼于立德树人根本任务的实现，这就需要遵循人的这一循序渐进、螺旋上升的道德发展规律，符合学生道德发展状况，更好地发挥其关键课程作用，以满足学生成长需求。落实到教材内容建设方面，就是要循序渐进、螺旋上升地进行教材内容的规划与设计，坚持整体性与层次性相统一、全局性与阶段性相统一，适应学生发展的阶段性特征，契合学生在不同阶段的成长发展要求，实现小初高大各学段思政课教材内容的一体化建设。另一方面，进入新时代，信息技术快速发展，国际国内环境日新月异，学生接触的信息庞杂，其生理心理在不同阶段表现出新的不同的特点。思政课教材内容的一体化建设，正是基于新时期学生思想品德形成发展的新变化而提出的一个研究课题，能够切实关注学生在不同学段的独特需求，及时回应学生成长发展的新诉求，从而提升教材内容的针对性，实现各学段教材内容的有效衔接。

其次，思政课教材内容一体化建设是遵循思想政治教育过程规律的重要体现。一方面，教材是开展教育教学活动的重要依据和载体，思想政治教育活动的开展离不开教材，因而教材建设情况直接影响思政课教学实效。思政课教材作为社会现实的反映、作为学生学习的工具，社会现实的变化、学生的成长发展都要求教材内容进行及时的更新与完善，教材及时更新本身即思想政治教育过程发展的重要规律。大中小学思政课教材内容一体化建设正是教材内容及时更新与完善的内在要求，也是遵循思想政治教育过程规律的重要体现。另一方面，科学合理设置教材内容，能够反映社会发展的客观需要，体现学生思想品德形成发展规律及其实际，使教育要求与学生思想品德之间保持适度的张力。与此同时，教材内容的一体化建设通过及时回应时代和学生的期盼，调整国家需要与个人需要之间的矛盾，使各种影响因素围绕教材内容协调发挥作用，推动思想政治教育实践活动的开展。

（二）构建系统完整的思政课程教材体系的应有之义

思想政治教育是种专门的意识形态教育，作为国家意志的重要体现，历来为党和国家领导人高度重视。而作为专业学科的思想政治教育是改革开放以来形成的一门新兴学科，由于学科化发展时间较短，早期大多是在德育体系下进行学科建设、推进学科发展。进入新时代，要求必须构建思想政治教育自身独特的、科学的学科体系，推进思想政治教育的科学化发展进程，进而更好地发挥思想政治教育在意识形态建设中的重要作用，牢牢掌握意识形态工作领导权。思政课作为开展思想政治教育的主渠道，构建独特的、科学的思想政治教育学科体系，要求构建系统完整的思政课程教材体系，而思政课教材内容的一体化建设则是构建系统完整的课程教材体系的应有之义。

一方面，思政课教材内容一体化建设是构建系统完整的思政课程体系的重要载体。近年来，着眼于新时代思政课发展要求，调整创新思政课程体系成为思政课改革创新的重要抓手。思政课程体系建设既有大中小学不同学段纵向的课程体系构建，也包含必修课与选修课相结合的横向课程体系建设。但无论是纵向还是横向的课程体系建设，都要落实到教材内容建设上来，即都要借助教材这一载体实现系统完整的课程体系构建。尤其是大中小学不同学段纵向的课程体系建设，与教材内容的一体化建设有着密不可分的联系。简言之，正是思政课教材内容一体化建设构成了思政课程体系建设的重要载体，成为构建思政课程体系的应有之义。

另一方面，思政课教材内容一体化建设同样是构建系统完整的思政课教材体系的应有之义。教材作为思政课内容的主要承载者，其建设情况不仅关乎自身的发展历程与科学化水平，同时也直接影响思政课教育教学质量，因此应切实加强思政课教材体系建设，构建系统完整的思政课教材体系。《新时代学校思想政治理论课改革创新实施方案》指出，要构建大中小学思政课立体化教材体系。立体化教材体系的构建同样包括纵向与横向两个方面，就纵向来说主要是着眼学生发展的阶段性特征，实现不同学段思政课教材的优化组合与系统构建。可以说，思政课教材内容一体化建设是构建新时代思政课教材体系的应有之义。

（三）培养"有理想、有本领、有担当"的时代新人的客观需要

教育具有阶级性，服务于社会发展的中心任务。因此，中国特色社会主义教育应当反映我国社会发展需要什么样的人，即应站在"培养什么人、为谁培养人、怎样培养人"的正确价值立场上。

首先，培养"有理想、有本领、有担当"的时代新人是思政课建设的目标与总要求。这说明无论是小学、初中、高中还是大学阶段的思政课都必须着眼于时代新人的培养，都要为实现这一目标服务。但时代新人的培养不是一蹴而就的，而是一个长期的过程，是一个涉及多方面的系统化、全局性工程，贯穿于儿童、少年、青年等学生成长的各个时期。作为时代新人培养的载体和依据，思政课教材内容建设能够将时代新人的培养要求切实落实到小初高大学生成长的全过程，并以实体形式呈现出来。因而不同学段教材内容的方向是否一致，编排是否合理，是否依据学段特征、学生特点一体化地落实时代新人的培

养要求直接影响着根本教育目标的实现。此时推进思政课教材内容一体化建设就显得十分必要,蕴含着培养时代新人的客观需要。

其次,思政课教材内容一体化建设与"有理想、有本领、有担当"的时代新人培育要求相契合。有理想,即树立中国特色社会主义共同理想和共产主义远大理想,胸怀民族复兴伟业;有本领,即不断增长知识、开阔视野,能够用马克思主义理论分析和解决社会发展中的现实问题;有担当,即自觉承担起历史和时代赋予的重任,知重负重、攻坚克难,投身现代化建设实践。而思政课教材内容一体化建设不仅着眼于知识体系的架构,同时注重学生在对教材知识内容掌握的过程中,进一步树立正确的价值观念,坚定理想信念。此外,教材内容一体化建设能够及时反映社会发展的最新成果,弘扬中华民族的优秀传统文化,增强教材的政治性、学理性、时代性、可读性及其理论深度,为时代新人的培养提质增效,促进学生全面自由的发展。由此可知,思政课教材内容一体化建设与时代新人的培养要求相契合,是培养时代新人的客观需要。

(四) 建设社会主义现代化教育强国的内在要求

当今世界处于百年未有之大变局,与此同时,在建党百年之际,我国实现了全面建成小康社会的宏伟目标,踏上了建设社会主义现代化强国的奋斗征程,摆在我们面前的任务更加艰巨、挑战也更加严峻。为应对国内外各种风险挑战,我国应坚持正确发展方向与道路,为实现现代化强国建设提供源源不断的人才资源,需要不断推进社会主义现代化教育强国建设。建设社会主义现代化教育强国是立足于世界百年未有之大变局、适应现代化强国建设的重要战略部署,是实现民族复兴的基础性工程。而思政课建设作为现代化教育强国建设的重要组成部分,在教育强国建设中发挥着领航把舵的作用,这种作用的发挥只有落实在教材内容的建设中才能真正得以实现。这就需要进行思政课教材内容的一体化建设,实现思政课的内涵式发展,助力现代化强国目标的实现。

建设社会主义现代化教育强国必须坚定教育自信,坚持走中国特色社会主义教育发展道路。教材建设,尤其是思政课教材内容建设内在包含着国家意志的传导、国家形象的塑造和社会主义意识形态的传播与发展,关乎社会主义教育自信及教育发展道路问题。尤其是当前西方资本主义国家的意识形态仍在世界范围内占据一定程度的主导地位,对我国意识形态安全产生威胁,对教育事业的发展、社会的和谐稳定造成冲击,产生诸多的不利影响。而大中小学思政课教材内容一体化建设能够通过统筹规划各学段思政课教材内容,重新审视教材内容所传达的价值观,从而有效避免错误思潮在学生群体内传播,使社会主义主流意识形态占据学校前沿思想阵地，这契合了现代化教育强国建设的现实要求，有助于提升中国特色社会主义教育自信。与此同时，教材的现代化本身是建设社会主义现代化教育强国的应有之义，即现代化教育强国内在要求推进思政课教材内容一体化建设的实现，提升思政课教材内容的现代化水平。综上可知，思政课教材内容一体化建设不仅体现了我国教育发展的中国特色，还蕴含着建设真正的社会主义现代化教育强国的内在要求。

三、教材内容一体化建设的原则

思想政治教育原则是在思想政治教育过程中，正确处理各种关系、矛盾必须遵循的准则[①]。思政课教材内容一体化建设是一项复杂的系统工程，要想取得成功，必须正确处理好其中夹杂的各种关系、矛盾，这就要求我们必须制定和遵循共同的原则，以实现各部分之间的协调与配合。只有制定和遵循共同的原则，才能保证思政课教材内容一体化建设方向的一致性、行动的一致性、标准的一致性，才有利于思政课教材内容一体化建设的统筹推进；否则，大中小学思政课各行其是，思政课教材内容一体化建设就不可能成功。总之，制定和遵循共同的原则是思政课教材内容一体化建设的保证。

（一）目标导向和问题导向相结合

思政课教材内容一体化建设首先要解决方向问题。只有大中小学思政课沿着一致的方向前进，才能形成"合力"，即大中小学思政课教材内容建设要坚持目标导向和问题导向相结合。

坚持目标导向，就是以共同的目标作为大中小学思政课教材内容一体化建设的指导方向。目标指引发展方向，共同的目标是大中小学各学段的思政课教材内容建设朝着相同的方向发展的保障。大中小学思政课的共同目标就是努力培养担当民族复兴大任的时代新人，培养德智体美劳全面发展的社会主义建设者和接班人。这既是党和国家对思政课育人确定的总目标，也是大中小学思政课教材内容一体化建设的共同目标。大中小学各学段的思政课教材内容建设都要朝着这个共同目标来开展建设。这就要求我们要树立目标导向意识，深刻理解和把握共同目标的科学内涵，明确大中小学各个学段的具体目标，并细化落

[①] 《思想政治教育学原理》编写组. 思想政治教育学原理［M］. 2版. 北京：高等教育出版社，2018：203.

实在各学段的思政课教材内容之中。

坚持问题导向，就是要以大中小学思政课教材内容方面存在的问题作为思政课教材内容一体化建设的引导方向。问题就是矛盾，而矛盾是推动事物发展的根本的动力，坚持问题导向是马克思主义的鲜明特点。思政课教材内容一体化建设必须树立强烈的问题意识，紧盯大中小学思政课教材内容方面存在的现实问题，深入分析造成问题的原因，并提出有针对性的解决办法，这样才能真正推进大中小学思政课教材内容一体化建设。

综合来看，大中小学思政课一体化建设中目标导向和问题导向是辩证统一的。问题是出发点，目标是落脚点。问题导向是解决现实问题，只有解决了这些现实问题，才能更好地实现共同目标；目标导向是指引发展方向，现实中问题如何解决、朝着哪个目标去前进，都要靠共同目标的指引。因此，大中小学思政课教材内容一体化建设要坚持目标导向和问题导向相结合。

(二) 知识教育和价值塑造相结合

在思政课教材内容一体化建设中探讨知识教育与价值塑造相统一的问题，其原因主要是源于思政课的特殊性。思政课和其他的课程的相同点是都开展关于本学科领域的知识教育，而思政课的特殊性在于在开展学科知识教育的基础之上，还要引导学生树立正确的价值观。从课程思政的角度讲，思政课以外的其他学科的课程也都有教育和引导学生树立正确价值观的任务，但价值观教育不是主要教学任务。具体而言，其他学科课程的主要任务是对学生开展相关学科知识的教育，只是在完成学科知识教育的基础上，挖掘一些课程内容中蕴含的思想政治教育资源，力所能及地对学生开展一些思想政治教育工作，做到与思政课同向同行。并且其他学科课程对学生的要求是学生只要能够理解、掌握、运用这些学科的知识就行了。思政课则不同，思政课是对学生开展思想政治教育的专门课程，思想政治教育作为一个学科，自然有本学科的知识体系。思政课首先要对学生开展思政课学科内容的知识教育，但思政课不能止步于此。思政课的整体任务还包含在学科知识性内容教育基础上的价值观塑造，这是思政课本质层面的要求。人对事物的认识要透过现象看本质，学生对思政课的内容的学习就应该是在掌握理论知识基础上树立正确的价值观。思政课中的知识教育与价值塑造是辩证统一的。思政课重点在于塑造学生的价值观，但没有相关的理论知识作为基础，价值观塑造就是"空中楼阁"。树立正确的价值观，需要经过价值选择形成价值认同。而价值选择和价值认同是建立在价值认知的基础之上的。因此，学生首先要理解和掌握思政课的理论知识，才能为树立正确价值观打下良好基础。但理解和掌握思政课的理论知识并不一定会自然而然地树立起正确价值观。因此，教师在让学生理解和掌握思政课的理论知识的同时，还要教育和引导学生去认同这些理论知识所蕴含的价值观，提出践履的要求，帮助学生树立正确的价值观。此外，思政课教材内容一体化建设既要开展马克思主义等理论知识，同时要在理论知识教育的基础上提出践履价值观的要求。

（三）现实性和超越性相结合

在思政课教材内容一体化建设过程中还必须处理的第三个问题就是内容的现实性和超越性的问题。对于这个问题的探讨，我们从思政课教学中经常遇到的一个问题说起。学生在学习思想政治课程时，往往与现实结合在一起思考。但其内容与现实习惯存在矛盾。那么，是思想政治教学内容脱离社会了吗？事实上不是，思政课教材内容体现的国家意志和社会要求，怎么会是脱离社会现实的呢？相反，思政课教材内容恰恰是基于社会现实的，是社会发展对其成员在思想政治品德等方面要求的反映。学生产生上述疑惑的原因是思政课教材内容在开展思想政治品德等方面的教育的时候，没有把握好现实性与超越性的关系问题。思政课教材内容要体现国家意志和社会要求，但应该是循序渐进、螺旋上升的。如果提出的要求超出脱离学生的思想政治品德现实水平，而学生达不到这些要求，就会在思想中产生上述疑惑。由此得出，思政课教材内容一体化建设也要遵循思想政治教育规律来开展。

思想政治教育的基本规律是适应-超越规律。适应-超越规律要求，在思想政治教育过程中，教育要求既要适应教育对象的思想政治品德实际水平，又要适当超越这个水平，引导学生朝着社会要求的方向发展。同样地，在思政课教材内容一体化建设过程中也要遵循这个规律，即要求把现实性和超越性统一起来。思政课教材内容一体化建设中的现实性，指的是学生思想政治品德的实际水平这个现实性。处于大中小学各学段的学生，其思想政治品德的现实水平是不同的，选择和设计某一学段思政课教材内容的时候要依据这个学段学生的思想政治品德的现实水平。但是不能停留在这个水平，而是要适度地超越这个水平，朝着社会要求的方面发展。与此同时，学生每提高到一个新的水平，思政课教材内容就要在这个新的水平基础上继续适度超越，更趋近于社会要求。总的来说，大中小学思政课就是依据在不同学段的思想政治品德的现实水平，选择和设计适度超越这个水平的课程内容，一步一步地把学生培养成符合社会发展要求的人的。这就要求我们在思政课教材内容一体化建设的过程中把现实性和超越性统一起来,在社会要求和学生的思想政治品德实际之间保持适度的张力。

(四) 系统性和层次性相结合

思政课教材内容一体化建设过程中要坚持系统性和层次性结合。系统性是指大中小学思政课教材内容是一个有机的整体。系统性是生物有机体的特性,它的特点就是要素的完整性、不可分割性和结构的合理性。用在思政课教材内容一体化建设中,就是要首先保证思政课在思想教育、政治教育、道德教育、法治教育等方面的内容要素是完整的,缺少某一方面都不能构成完成的思想政治教育系统。大中小学思政课教材内容是由思想教育、政治教育、道德教育、法治教育等方面的要素组成的,但要注意并不等于这些方面要素的简单相加。具体而言,思政课教材内容是由思想教育、政治教育、道德教育、法治教育等要素以一定的排列组合方式结合在一起的,也就是具有结构性。思政课教材内容能否发挥整体的系统性功能,前提是组成系统的要素的完整存在,更主要的是组成系统的要素之间的结构是合理的。要素之间的结构越合理,整个内容系统产生的效益就越大,整体功能就越优化,就能产生系统整体功能大于部分功能之和的效果。具体而言,在大中小学思政课教材内容一体化建设的过程中,首先要坚持系统性的原则,即要把大中小学思政课教材内容作为一个整体的内容体系来看待,研究清楚大中小学思政课教材内容体系到底包含哪些构成要素,这些构成要素之间是如何组合排列的,相互关系如何,如何去优化这些要素的关系,使思政课教材内容体系要素更加合理。现实中,思政课中存在的问题也主要表现为学段之间、课程之间内容的系统性不足,大中小学思政课教材内容之间没有形成系统合力。其结果必然会影响思政课教材内容的系统功能的发挥。

在大中小学思政课教材内容一体化建设的过程中,既要坚持系统性原则,又要坚持层次性原则。这里的层次性是指思政课教材内容本身的层次性,即思政课教材内容体系是由不同层次的要素构成的。思想教育、政治教育、道德教育、法治教育等要素都属思政课的整体内容体系,同时它们各自又是由一些具体的要素构成的,这些具体的要素又是由更小一层的要素构成的。比如道德,由公民基本道德、社会主义道德、共产主义道德等不同层级的要素组成。公民基本道德又由社会公德、职业道德、家庭美德、个人品德等要素构成,而其中的职业道德又由爱岗敬业、诚实守信、办事公道、热情服务、奉献社会等具体要求构成。这种体现内容及其要素领属关系、从属关系和相互作用的结构形式，就构成了思政课教材内容系统的层次性。正是由于思政课教材内容系统具有这样的层次性，才可能分层设计大中小学思政课各学段和各层次的内容，如果思政课教材内容本身不具有层次性，就无法开展思政课教材内容的学段分层设计工作。思政课教材内容一体化建设中坚持层次性原则，就是要把思政课教材内容体系本身包含的层次性和大中小学思政课的学段、年级的层次性联系起来，保证思政课教材内容层级递进、梯度合理。

总之，在思政课教材内容一体化建设过程中要坚持系统性与层次性相结合。

（五）理论性与实践性相结合

思政课全称是思想政治理论课，顾名思义，理论是重点。关于思政课的理论性问题也存在一个悖论：一些人觉得思政课理论性太强，内容抽象、不容易理解；另一些人觉得思政课没什么理论性，不就是讲讲思想道德、人生修养之类的东西，这些东西根本没有什么理论性。对于这两种观点，必须深入分析研究。持第一种观点的人，基本上都是正在上思政课的学生，觉得课程内容太抽象，尤其是大学阶段的思政课教材内容理论性强，教材中鲜有例证和解释性的话语，很多都是直接的理论阐述。持第二种观点的人，基本上都是思想政治教育（马克思主义理论）学科以外的其他学科的、对当前思政课实际内容缺乏详细了解的人。事实与第二种观点恰恰相反，马克思主义理论是科学理论，思政课所讲的理论就是马克思主义理论。理论性是思政课的基本属性之一，也是思政课教材内容一体化建设必须遵循的原则之一。强调思政课教材内容建设的理论性原则，不是要求把思政课的内容讲得多么抽象、难懂，而是指要把问题讲透彻、讲明白，揭示出事物的本质和规律，不是仅仅停留在事物的表面或感性经验的层面。

要实现用科学理论武装人，就要把马克思主义理论讲明白，引导学生理解和掌握马克思主义的立场、观点、方法，教育学生学会用马克思主义的立场、观点、方法去认识问题、分析问题、解决问题。在思政课教材内容一体化建设的过程中坚持理论性的原则，就是坚持用彻底的理论去说服人、武装人的根本要求。在解决了思政课理论性的问题后，上述悖论中的第二种观点就解决了。而对于第一种观点的解决，不能仅限于理论性，而应该把实践性也加以引入。为什么要引入实践性，因为实践与理论二者不可分割，是辩证统一的。实践是理论之母，理论来源于实践；理论是对实践经验的科学总结，是抽象思维的结果，理论高于实践；理论又要在实践中去检验，理论也只有被运用于实践之中并取得成功才有价值和意义。与第二种观点否认思政课理论性恰恰相反，第一种观点不仅承认思政课的理论性，而且认为理论性太强，内容抽象且不好理解。这个问题是关键是，怎样让不同年龄段、不同学段的学生能够理解和掌握思政课的内容。理论联系实际是理解和掌握思政课的关键环节，理论来源于实践，要想理解和把握理论，就要把理论还原到实践中去讲；要深化对理论的理解，就要把理论与实践结合起来，在实践中去运用理论，这样才能真正掌握理论。因此，必须高度重视思政课教材内容的实践性原则，在教材相关内容中设置实践栏目和实践环节，对课内和课外实践活动提出要求，引导学生加深对理论的认识和理解。

总之，在思政课教材内容一体化建设过程中，理论性和实践性是辩证统一的，都必须坚持。

（六）守正和创新相结合

思政课教材内容一体化建设中的守正与创新，实质上讲的是思政课教材内容的变与不变的问题。关于思政课教材内容变与不变的问题也有不同的看法，有的学者认为思政课教材内容要顺应时代和社会发展变化常变常新。但是，持不同观点者也有，有的学者认为思政课教材内容不能总是变来变去，这样会给人造成一种思政课教材内容没有科学性的印象，影响思政课的效果。这两种观点都有一定的道理，但也有偏颇，不能简单说是谁一定对，谁一定错。变与不变的问题在哲学的层面看，是一个运动和静止的关系问题。变就是指运动，不变就是指静止。众所周知，事物的运动是绝对的，静止是相对的。运动是绝对的，因此变就是绝对的；静止是相对的，因此不变是相对的。而事物的运动是绝对运动和相对静止的统一，因此绝对的变与相对的不变是统一于事物的发展之中的。我们再从发展与稳定的关系来看，发展是绝对的，稳定是相对的。稳定是发展的基础，没有稳定就不可能发展；发展是稳定的目的，而发展能在新的基础上维护稳定。通过两项类比分析，我们可以看出，思政课教材内容的变是绝对的，不变是相对的，思政课教材内容发展是绝对的变与相对的不变的辩证统一。因此，我们在思政课教材内容一体化建设中要坚持守正和创新相结合的原则。

守正就是守住正道，而所谓道就是规律，守住正道就是按照客观规律办事；创新，就是在遵循客观规律的基础上，开展新的实践，并在实践基础上形成新的认识和实践成果，包括实践创新和理论创新。守正和创新二者是辩证统一的关系，守正是创新的基础，只有在遵循客观规律的基础上，创新才有可能取得成功；创新是守正的目的，守正的目的是在事物原有基础上实现新的发展，也只有事物获得新的发展才是真正地坚持了守正。对于思政课教材内容一体化建设而言，一方面要坚持守正，要认真总结思政课教材内容一体化建设的成功经验，遵循思政课教材内容发展的规律，保持思政课教材内容的相对稳定；另一方面，要积极开展思政课教材内容一体化建设实践，把马克思主义中国化的最新理论成果、社会和时代发展的新要求及时融入思政课教材内容之中。同时，要在新的实践基础上及时总结思政课教材内容一体化建设的基本经验，加深对思政课教材内容发展的规律性的认识，推动思政课教材内容一体化建设在实践创新和理论创新上的良性互动。通过思政课教材内容一体化建设，科学设计大中小学各学段和各门思政课程的内容，统筹推进思政课教材内容改革创新。因此，在思政课教材内容一体化建设的过程中必须遵循守正和创新相结合。

第二节　教材内容一体化建设的现实审视

自中华人民共和国成立以来，党和国家各部门都极其重视大中小学思政课教材内容建设及其衔接工作的开展。客观来说，经过长期的建设与发展，思政课教材内容一体化已取得了一定的成绩，但同时也存在着不可忽视的问题。对此，应明晰成就、总结经验，增强思政课教材内容一体化建设的自信，进而持续、深入地落实思政课教材内容一体化建设的客观要求；界定问题、把握现状，坚持问题导向，找准思政课教材内容一体化建设的切入点与着力点；分析原因、反思不足，结合现状对症下药，明确思政课教材内容一体化建设的发展方向。

一、教材内容一体化建设的主要成就

立足系统化思维、整体性视角，阐明改革开放以来我国思政课教材内容一体化建设的主要成就，主要体现在学段课程标准走向科学化、学段教材使用实现统一化以及教材内容的建设突出人本化三方面。

（一）学段课程标准走向科学化

课程标准是学科教学的指导性文件，不仅直接指导着教材的编写，同时也

是开展教育教学活动的基本依据。课程标准直接影响甚至决定着思政课教材内容的编写。因此，着眼思政课教材内容一体化的实现，必须首先考察思政课程标准的修订情况。自改革开放以来，大中小学各学段思政课程标准经过了多次修订，虽然当前仍然存在着一些问题与不足，但其成就是主要的。通过系统梳理，可知思政课程标准建设的科学化程度不断提高，对教材内容的编写提出了一体化的要求。

首先，不同学段纵向课程标准建设走向科学化。一方面，中学从1996年开始、小学从1997年开始，思政课教育教学指导方案实现了向"课程标准"的转变。1996年6月7日《全日制普通高级中学思想政治课课程标准（试行）》正式颁布，1997年国家教委颁布了《九年义务教育小学思想品德课和初中思想政治课程标准（试行）》。在此之前，中小学思政课教育教学指导方案均为课程大纲。相较于课程大纲而言，课程标准更强调目标的统一性和过程的灵活性、针对性的有机结合，适应新时期学生成长及思政课发展的客观要求，增强了课程标准修订的科学性，为思政课教材编写提供了更加合理、有效的指导，为思政课教材内容一体化建设保驾护航。另一方面，在经历了中学教育大纲、义务教育阶段课程标准之后，中小学各学段的思政课程标准均实现了独立编制。各学段新版课程标准在体现自身特点与发展要求的同时，又兼顾与相邻学段之间的衔接、贯通，这对于思政课教材内容一体化建设的推进具有现实的指导意义。

其次，同一学段横向课程标准建设走向科学化。就小学阶段来讲，2019年小学《道德与法治》课程标准正式颁布。自此，小学阶段改变了其过去将课程标准分为《品德与生活》《品德与社会》的分段式课程标准编制方式，开启了小学《道德与法治》课程标准整体构建的新阶段。而将小学阶段思政课程标准作为一个整体进行设计与规划，有助于解决小学阶段内部各学年教材内容之间的简单重复、衔接不当等问题，增强小学阶段思政课程标准及教材内容的系统性、整体性及科学性，奠定了全学段教材内容一体化建设的基础。就中学阶段来说，在新编高中课程标准中，思政课程目标实现了由三维目标到核心素养的扩展，课程标准科学性不断增强、时代性不断得到体现。对政治认同、科学精神、法治意识、公共参与这一思想政治学科核心素养的阐述，突出体现了高中阶段思政课的特点，对该阶段思政课教材内容的编排也提出了新的要求，有助于推进高中与大学思政课之间问题的解决，进而更好地发挥思政课在课程体系中的政治引导与价值引领作用。

（二）学段教材使用实现统一化

相较于地方教材、自编教材而言，统编教材更具权威性、科学性及规范性。各地各学段统一使用思政课统编教材，能够有效避免因教材使用不一致而产生的制约思政课一体化建设的相关问题，为在全国范围内推进教材内容一体化提供必要的前提条件。如今，在国家的统一指导下，在各方的共同努力下，我国各学段思政课教材的使用基本实现了统一。

随着解放思想、实事求是思想路线的重新确立，思政课教材建设得到了党和国家相关部门的高度重视。一方面，就中小学思政课教材而言，1980年教育部统一组织编写了供全国使用的思政课教材，1982年和1986年又先后出版了两套思政课教材，但并未对思政课教材的使用做出统一规定与要求。与此同时，自1986年颁布的中小学思政课教学大纲开始，思政课教材进行"一纲多本"的教材编写尝试，即在国家统一教学大纲的指导下，各省可根据实际情况使用自编教材。"一纲多本"教材编写方案的实施虽然在一定程度上增强了各地区教材内容的针对性、灵活性与多样性，但同时也削弱了思政课教材的权威性，对教材内容一体化建设产生了消极影响。其后，中小学思政课教材延续了"一纲多本"的编写方式。党的十八大以来，党中央多次强调要实现中小学三科教材的统编、统审、统用，这为推进各学段思政课教材的统一使用提供了契机。2017年，小学与初中阶段开始使用《道德与法治》统编版思政课教材，到2019年所有的年级均已使用新编版教材；高中思想政治新编教材于2019年使用，截至2020年底已覆盖20个省，并于2022年前实现了全国范围内的统一使用。至此，我国中小学思政课教材的使用逐步实现了统一。另一方面，就高校思政课教材来说，高校思政课教材自改革开放以来先后经历了自编教材和"85方案""98方案""05方案"四个阶段的历史发展。其中，在"05方案"出台之前，各高校可根据教育部推荐教材目录自行选择教材展开教育教学活动，但由于推荐教材的科学性不足、质量有待提升而产生了一系列问题。2005年5月，《关于进一步加强和改进高等学校思想政治理论课的意见》的颁布标志着"05方案"的正式形成，高校思政课教材建设纳入了中央马克思主义理论研究和建设工程，进行统一编审，由此开启了高校思政课教材统编统审统用的新时代。

（三）教材内容建设突出人本化

大中小学思政课教材内容一体化建设的根本出发点与落脚点是学生，这就要求始终坚持以学生为中心，重视学生的主体地位是思政课及其教材建设的根本原则与要求。纵观改革开放以来大中小学思政课教材内容建设的发展历程可知，其人本化趋势不断凸显，主要体现在教材内容建设不断满足学生多方面发展的客观需要和遵循学生成长发展的客观规律两个方面。

一方面，教材内容建设不断满足学生多方面发展的客观需要。进入新时代，我国社会主要矛盾发生了一定的变化，在基本物质需要得到满足的基础上，人民对美好生活的需要和要求不断丰富、发展。而学生作为社会主体的一个重要组成部分，其需要也在不断发生着变化。作为满足学生成长发展需要的重要载体，思政课教材在其发展过程中，不仅保留着马克思主义教育、社会主义民主教育等固有内容，同时不断丰富发展了中国特色社会主义教育、中国精神教育、媒体素养教育、生态道德教育等新兴教育内容。教材内容体系的不断更新与完善，适应了新的历史条件下学生成长发展需要的客观要求，鲜明地体现了思政课教材内容建设的人本化趋向。另一方面，教材内容建设体现了学生成长发展的客观规律。从当前大中小学思政课教材内容一体化建设情况来看，不同学段的教材内容在一定程度上能够着眼于学生的身心发展特点，总体上按照由简单到复杂、由具体到抽象的顺序展开教材内容的编写，促使学生在知情意信行各方面实现有机统一。例如，在进行文化素养知识的编排时，小学阶段着眼于学生身边的日常文化生活现象，经过中学阶段的文化传承与创新、交流与借鉴，再到大学阶段的建设社会主义文化强国，不同学段之间既有内在联系，又鲜明地体现出一定的层次性。尤其是2021版大学阶段思政课教材内容不再仅仅局限于知识内容的学理阐释，在原有理论阐述的基础上增加了"拓展""图说""明辨"等模块内容，增强了教材内容的可读性与趣味性。由此可见，学生成长发展规律在教材内容建设中逐步得到体现，人本化倾向不断凸显。

二、教材内容一体化建设的现存问题

当前大中小学思政课教材内容一体化建设虽然取得了一定的成就，但仍处于初步建设阶段，存在一定问题，明晰现存问题能够为推进思政课教材内容一体化建设提供准确的切入点与着力点。下面将以大中小学不同学段思政课教材内容为经，以相似主题教材内容为纬，归纳、梳理大中小学思政课教材的具体内容。通过梳理可知，小学阶段《道德与法治》教材，共有12册47单元154课463目；初中《道德与法治》教材，共有6册23单元53课；高中必修一直接以课为基本单位，4本必修共有8单元26课；大学阶段2021新版教材中，《马克思主义基本原理》共有7章，《毛泽东思想和中国特色社会主义理论体系概论》共有14章，《中国近现代史纲要》共有10章，《思想道德与法治》共有6章。从教材的实际应用来分析得出，大中小学思政课教材内容一体化建设存在以下问题。

(一) 教材内容简单重复问题仍较突出

纵观大中小学统编版思政课教材，可知思政课教材内容一体化建设中的简单重复问题主要体现在以下几方面。

首先，关于名言名句的简单重复问题。思政课教材内容中名言名句的使用既可以深化学生对于相关内容的理解，又能够扩大学生的知识视野，激发学生向榜样学习的积极性。但重复问题是制约其作用发挥的一个重要因素。

其次，游戏、故事等相关辅助材料的简单重复问题。思政课教材内容中游戏、故事等辅助材料的运用，是为了激发学生的学习兴趣、加深其对相关知识内容的理解，以便取得更好的教育教学效果。但由于部分材料内容的多次反复出现，不仅难以发挥出其应有的作用，甚至适得其反，对思政课的科学性造成冲击，降低思政课教育教学的实效性。例如，蒙眼画脸谱游戏在不同学段教学中均出现过。这些材料的反复多次出现，不仅削弱了思政课教材的科学性，甚至可能使学生对思政课产生负面情绪，不利于其作用与功能的发挥。

最后，关于知识内容的简单重复问题。名言名句、故事、游戏等内容的重复问题只是矛盾的次要方面，而知识内容的简单重复不利于思政课教材内容知识体系的整体逻辑呈现。目前，知识内容的简单重复问题是思政课教材内容一体化建设中一个普遍而突出的问题。例如，关于热爱家乡的教育是爱国主义教育在小学阶段的具体体现。小学《道德与法治》二年级上册第四单元"我们生活的地方"与三年级下册第二单元"我在这里长大"都是关于热爱家乡的教育，且这两个单元均是从家乡自然风光、物产、家乡人民等角度展开相关阐述，内容重复程度较高。

相较于思政课教材其他主题内容，社会主义民主教育内容相对来说较为完整，并且在小学、初中、高中、大学不同学段均有涉及，具有一定的层次性，但这一主题教育内容中的重复问题也较为突出。例如，关于我国国家机构的介绍在教材中共出现两次：一次是小学《道德与法治》六年级上册第三单元"国家机构有哪些"，另一次为初中《道德与法治》八年级下册第三单元第六课"我国国家机构"，二者均从构成角度对我国的国家机构进行相关介绍，存在着明显的简单重复问题。关于社会主义政治制度的重复问题则更为显著,社会主义政治制度分为根本政治制度与基本政治制度两个方面。据统计,关于我国根本政治制度的相关内容共出现三次,分别是初中《道德与法治》八年级下册第三单元第五课第二框"根本政治制度"、高中必修三《政治与法治》第二单元第五课"我国的根本政治制度"、《毛泽东思想和中国特色社会主义理论体系概论》中"发展社会主义民主政治"。而基本政治制度的相关内容在初中、高中、大学三个学段同样均有出现。通过对比分析,上述内容在不同学段之间并未体现出明显的层次性、递进性,存在简单重复问题。

此外,高中与大学两个学段思政课教材内容之间的简单重复问题最为突出。高中思政课统编版教材采取新的逻辑编写方式,即以中国特色社会主义为统领,采取"一拖三"的模式进行教材编写,与旧教材相比其科学性、系统有所提升。而大学阶段最新版思政课教材内容的人本化倾向也不断凸显,可读性与科学性不断增强。但从一体化建设角度来看,新版教材并未能够有效解决教材内容的简单重复问题,即现阶段高中与大学两个学段思政课教材内容之间的重复问题仍存在。

(二) 教材内容衔接不畅问题依旧存在

学生的成长发展是一个阶段性与连续性相统一的过程,同时思政课教育教学目标则是学段目标与整体目标的有机统一,因此衔接问题是思政课教材内容一体化建设中的一个关键问题。明晰思政课教材内容一体化建设在衔接方面存在的问题,必须首先厘定衔接的含义及其与一体化的关系。在"大中小学思政课一体化建设"这一概念提出之前,学界大多是使用"思政课衔接"这一说法,二者之间存在一定的相似性,但仔细辨析则可以发现这两个概念之间有着明显的区别。衔接多指将两个分开的物体首尾相连,而一体化则指将多个独立的个体组成一个紧密衔接、相互配合的整体,既强调首尾相连,也强调内部整合。由此可知,一体化的范围大于衔接,衔接仅仅是一体化的一个方面。具体到思政课教材内容建设中,思政课教材内容衔接是指相邻学段或相邻学年教材内容之间的联系、过渡,让学生感觉不到跳跃与割裂,思政课教材内容一体化建设则包含横向不同学科之间、纵向不同学段之间教材内容的有机整合、有效联结,因而教材内容的衔接是思政课教材内容一体化建设的重要组成部分,二者是部分与整体的关系。通过对思政课教材内容的具体分析可知,教材内容衔接不畅作为制约大中小学思政课教材内容一体化建设的关键所在,主要表现在以下两方面。

一方面，不同学段思政课教材内容之间的衔接不畅问题。小学、初中、高中和大学四个学段，共涉及小初、初高、高大三个环节教材内容之间的衔接。其中，小学《道德与法治》六年级下册共有"完善自我　健康成长""爱护地球　共同责任""多样文明　多彩生活"以及"让世界更美好"四个单元，初中《道德与法治》七年级上册同样包含四个单元，分别为"成长的节拍""友谊的天空""师长情谊"及"生命的思考"。通过具体分析教材内容可以看出，小学六年级下册教材内容中并未针对学生由小学向初中阶段的过渡进行相应的准备，而初中七年级上册第一单元中"中学时代""学习新天地"等内容则体现出由小学到初中阶段的衔接与过渡。初中《道德与法治》九年级下册第三单元第五课"走向未来的少年"通过回顾初中、展望高中推动了初中与高中教材内容之间的衔接。但高中阶段必修一《中国特色社会主义》并没有进行内容的衔接，而是直接开始知识内容的学习。学段教材内容之间的衔接不畅问题突出表现在高中与大学这两个学段之间，这两个学段的教材内容中均没有体现与相邻学段之间的衔接过渡，既无承上，也未启下，片面强调知识内容的传递而忽视了学生由高中向大学过渡的过程中产生的一系列问题。由此可见，小学与初中、初中与高中思政课教材内容之间的衔接虽有不足，但或多或少有所涉及，主要是因为初中阶段的思政课教材内容能够兼顾与相邻学段之间关系，从而进行一定的衔接与过渡。但高中与大学思政课教材内容之间则完全缺乏相应的衔接过渡，二者之间的衔接不畅问题最为突出。

另一方面，同一学段不同学年思政课教材内容之间的衔接不畅问题。除不同学段教材内容之间的衔接外，同一学段不同学年教材内容之间的衔接也十分重要，直接影响该学段教材内容知识体系的构建及教育教学的流畅性。由于大中小学思政课知识内容较为庞杂，且各学段思政课教材内容的编排也是一个十分复杂的过程，因此在这一过程中难以兼顾不同学年教材内容之间的有机衔接，造成同一学段教材内容内部的割裂、分离。其中，高中思想政治必修教材与选修教材之间的衔接不畅问题尤为突出，2019年统编版高中思想政治必修教材分为《中国特色社会主义》《经济与社会》《政治与法治》《哲学与文化》4册，选修教材有《当代国际政治与经济》《法律与生活》《逻辑与思维》3册，必修教材与选修教材之间缺乏有效的衔接与关联。尤其是在高考的压力下，部分思政课教师对于选修教材采用少讲甚至是不讲的策略，难以发挥选修教材在学生成长发展中的重要作用。

（三）教材内容层次不清问题尚未完全改变

遵循教育教学规律和学生认知与思维形成发展规律，大中小学思政课教材内容之间应体现出顺序性、渐进性。循序渐进、层次清晰的教材内容不仅是思政课科学性的重要体现，同时能够有效激发学生学习思政课的积极性、主动性和创造性，提升学生的自主学习能力。但当前不同学段思政课教材内容之间存在着层次模糊、无序混乱的现象，导致思政课教育教学中的一系列问题。总的来说，思政课教材内容层次不清问题主要体现在以下两方面。

第一，教材内容递进不足。强调高度、忽视梯度，不同学段思政课教材内容之间缺乏递进，是思政课教材内容一体化建设中层次不清问题的一个突出表现。以法治教育为例，法治教育作为思政课教育教学的重要组成部分，在大中小学思政课教材内容中均有涉及，它贯穿思政课教育教学全过程，有助于推进学生形成法治意识、提高运用法律的能力。但在法治教育中，不同学段教材内容之间层次模糊、递进不足等问题较为突出。小学《道德与法治》教材中的法治教育内容，主要是立足学生生活实际进行宪法及一些基本法律常识和法律知识教育；初中《道德与法治》教材中关于法治教育的内容则更为全面，围绕宪法、法律常识、法治意识、法治精神、法治中国建设全方位展开，致力于提高学生运用法律的能力；高中阶段必修三《政治与法治》教材则围绕全面依法治国展开；大学阶段《毛泽东思想和中国特色社会主义理论体系概论》《思想道德与法治》其中内容涉及法治道路、依法治国等内容。通过上述梳理与分析可知，小学、初中、高中三个阶段的法治教育内容虽然一定程度上体现了层次上的递进，但总体来看，初中、高中、大学尤其是高中与大学这两个学段的思政课教材中，法治教育内容存在着不同程度的交叉重复、层次模糊等问题，表明学段教材内容缺乏递进。

第二，教材内容倒置问题。教材内容倒置是指应在低年级出现的教材内容却在高年级出现，而应在高年级出现的内容相反却在低年级出现，这是完全违背学生思想品德形成发展规律与思想政治教育规律的教材编排方式。随着思政课新编教材的出版使用，教材内容的倒置问题得到了一定程度上的缓解，但并没有彻底解决，当前教材内容的倒置问题主要集中在中小学阶段，主要是部分教材内容挖掘过深，超出了学生的认知发展水平。例如，小学《道德与法治》六年级上册第三单元第六课"人大代表为人民"一课，帮助学生了解了人大代表的产生过程，明确了"直接选举"和"间接选举"的概念，而这一知识点在高中必修三《政治与法治》第五课第一框"人民代表大会：我国的国家权力机关"中则阐述得更为通俗、详尽。在相关经济知识内容方面，初中《道德与法治》八年级下册教材内容，在学生缺少经济知识储备的前提下，直接就"基本经济制度"展开论述；高中阶段《经济与生活》教材，则直接从生产资料所有制、经济体制等宏观内容开始讲起；而大学《马克思主义基本原理》教材则从商品、货币、价值等基本经济常识讲起。对于中小学生而言，从宏观到微观、从理论到概念的教材编排，使教材内容学理性过强，无论是在内容上还是表述上都超出其认知发展阶段，表现出教材内容编排上的倒置，造成学生对于这一知识内容难以真正理解，只是迫于考试压力进行机械的记忆。

（四）教材内容缺失脱节问题亟待解决

小学、初中、高中、大学四个学段的思政课作为一个整体，从理论上来说，不同主题教育内容在各个学段应有不同层次的涉及以满足学生成长成才各方面需要，推动学生自由全面发展。但由于主客观多方面因素的影响，部分主题教育内容在某一学段教材内容中并未出现，造成该学段教材中相关内容的缺失脱节。整体而言，教材内容的缺失脱节不仅直接影响学生知识体系的构建，而且一定程度上影响学生的健康成长、影响立德树人根本任务的完成。通过对思政课教材内容进行系统梳理与分析总结可知，思政课教材内容的缺失脱节问题主要呈现出以下两方面的特点。

通过对不同学段思政课教材相似主题教育内容的梳理、归纳、分析得出，思政课教材内容的缺失脱节问题主要集中在高中阶段。缺失问题具体如下：一是道德规范教育内容的缺失脱节。道德规范教育内容作为思政课教育教学内容不可或缺的组成部分，直接关系到学生道德素养的发展，关系到社会主义建设者和接班人的培育，在小学、初中及大学的教材内容中均占有一定比重，但高中思政课教材中并未涉及道德教育相关内容。二是生命教育内容的缺失脱节。社会各方面的快速发展使得生命教育在学生成长发展过程中发挥的作用越来越重要，关系学生的健康成长，而高中思政课统编教材中则毫无与生命教育相关内容的痕迹。三是心理健康教育内容的缺失脱节。高中阶段，学生正处于由未成年向成年的过渡时期，在这一过程中，学生的思想观念会发生激烈的变化，甚至与社会主流价值观要求相冲突，尤其是近年来高中生自杀率、犯罪率不断提升的社会现实，使得对学生进行相关心理健康教育显得尤为重要，但在承担高中生心理健康教育主要责任的思政课程及教材中却并未涉及相关内容。

就领域而言，大中小学思政课教材内容的缺失脱节问题主要集中在非政治领域。依据一定标准将大中小学思政课教材内容划分为政治性内容与非政治性内容，通过对教材内容进行梳理分析，发现思政课教材内容主要是在道德规范教育、生态文明教育、生命教育及心理健康教育等方面存在缺失脱节的问题。由此可见，教材内容的缺失脱节问题主要集中在非政治领域，各学段教材重视政治性内容的编排，一定程度上忽视了非政治性内容在学生发展中的作用。虽然政治性是思想政治教育的根本属性，但政治性内容并非思政课教材的唯一内容。除政治性内容外，思政课教材还应兼顾社会及学生发展的各方面需要，统筹非政治性内容，推进实现政治性内容与非政治性内容在大中小学思政课教材中的循序渐进、螺旋上升。简言之，非政治性内容与政治性内容同等重要，都是思想政治教育内容的重要组成部分，在时代新人的培育中发挥着不可或缺的重要作用。

（五）教材内容偏离实际问题有待改善

思政课教材不仅是联系教师与学生的桥梁、中介，而且也是连接理论与现实的桥梁、中介。马克思列宁主义、毛泽东思想及中国特色社会主义理论体系不仅为思政课教材建设提供理论指导，同时也是思政课教材体系构建的具体内容，表明教材内容具有高度的科学性、学理性。这种科学性与学理性是来源于现实并且在同现实的结合中发挥作用的，说明思政课教材内容应是理论与现实的统一，同样大中小学思政课教材内容一体化也是理论与现实相结合的一体化。但在教材内容的现实呈现中却表现出偏离实际的问题，其中实际主要指社会发展的客观实际及学生自身成长的客观实际两个方面。

首先，教材内容偏离了社会发展的客观实际。社会发展的客观实际是思政课教材内容建设的根基，同时也是影响思政课发挥合力作用，进而增强思政课教育教学实效性的关键因素。从整体上来说，思政课教材内容表现出重理论轻实践的倾向，教材内容过于抽象，忽视了与社会现实的结合及其在社会现实中的实际运用，导致教材内容偏离了社会发展的客观实际。目前教材内容滞后于社会发展的客观实际，是思政课教材内容偏离社会实际的一个突出表现。造成这一问题的主要原因是各学段思政课教材编写并没有相对固定的周期，且思政课教材从编审到使用需要一定的时间，因此学生使用的教材一定程度上落后于社会现实的发展。

其次，教材内容偏离了学生成长的客观实际。思政课教材内容是为学生成长发展服务的，表明教材内容建设应始终坚持以学生为中心。与此同时，大中小学思政课教材内容一体化建设并不仅仅是教材自身学理性内容的整合、规划，而是立足现实、围绕学生的一体化。虽然当前思政课教材内容建设的人本化倾向不断彰显，但在教材内容的实际编排上仍然存在忽视学生主体地位的问题，导致教材内容偏离了学生成长发展的客观实际。

如上所述，当前大中小学思政课教材内容一体化建设过程中存在着简单重复、衔接不畅、层次不清、缺失脱节等问题。这表明思政课教材内容建设一定程度上与学生成长发展的客观规律相违背，脱离了学生成长发展的客观实际。另外，当前大学、高中、初中甚至小学阶段的部分教材中直接使用党和国家相关文件的原文进行内容编排，忽视了教材语言与文件语言之间的区别。虽然这些相关文件的理论性、概括性较高，能够有效增强思政课及其教材内容的权威性，但忽视了教材的可读性、趣味性与现实性等要求，偏离了学生认知发展的客观实际。

三、教材内容一体化建设问题的原因分析

问题是教材内容一体化建设情况的外在表现，而原因则是产生问题的根本所在。因此，在明晰教材内容一体化建设的问题之后，需要深入分析造成上述问题的具体原因。在此基础上，才能对当前思政课教材内容一体化建设的现实情况有一个全面、系统、深入的把握，为新时代思政课教材内容一体化建设奠定基础、提供依据。

（一）组织管理相对独立

统筹推进思政课教材内容一体化建设是一项系统工程，需要各方面、各学段协同发力，但协同发力的前提是对其进行统一的领导与组织管理。事实上，正是学段思政课建设呈现管理条块化、组织分离化[1]，使得思政课及其教材内容一体化建设各方面、各学段呈现出各自为政的现象，难以发挥合力作用，导致当前教材内容一体化建设中出现了一系列问题。

一方面，大中小学思政课的组织管理相对独立。当前我国大中小学不同学段思政课教育教学工作虽然都由教育部统一领导，但在各学段具体的组织管理方面却由不同的司局独立负责。具体来说，小学与初中阶段的思政课作为义务教育阶段课程的组成部分，由基础教育司义务教育处负责；高中阶段思政课的组织管理则由基础教育司普通高中教育处负责；高校思政课由教育部社会科学

---

[1] 郑敬斌，李鑫. 大中小学思想政治理论课一体化管理机制建设初探 [J]. 思想理论教育，2019（11）：23.

司进行统筹规划和协调。由于大中小学不同学段思政课具体的组织管理主体不一致、相对独立，各学段思政课教育教学自成体系，彼此之间缺乏有效的衔接与整合。不同学段思政课的组织管理各自为政，直接导致实际教学过程中各学段思政课教材分离割裂，进而影响思政课教材内容一体化的推进。

另一方面，大中小学思政课教材建设的组织管理相对独立。2017 年，为贯彻落实《关于加强和改进新形势下大中小学教材建设的意见》，成立了国家教材委员会，由教育部教材局承担办公室工作。该部门的成立突出强调了教材建设的重要性，不仅有助于提升教材建设的科学化水平，同时也为推进思政课教材内容一体化建设提供了有力保障。但国家教材委员会工作的开展与推动需要一定的时间，且国家教材委员会下设中小学教材编写处与马工程教材编写处，分别负责中小学和大学思政课教材的编写，不同学段的思政课教材并未在统一的组织管理下进行编写。同时，由于长期以来大中小学各学段的思政课教材由不同的司局机构负责组织编写，教材编排的组织管理相对独立，因而不同学段思政课教材内容的编排往往仅仅考虑到自身的完整性，而忽视了与其他学段之间的整合、协调等问题，导致教材内容一体化建设中出现简单重复、衔接不畅等一系列问题。

（二）体制机制尚待健全

长期以来，党和国家相关部门多次强调关于思政课教材内容衔接及一体化建设问题的重要性，并出台了一系列相关文件，从顶层设计层面提出相关要求与实施建议。但当前各学段思政课教材内容一体化建设中仍存在不少的缺陷与不足，究其原因在于体制机制尚待健全，党和国家相关政策、方针难以有效落实。具体来说，体制机制问题突出表现在以下几方面。

第一，一体化编审机制尚待健全。当前国家教材委员会统一负责中小学思政课教材建设，对中小学思政课教材的编、审、用进行统一规划，有效增强了中小学思政课教材的科学性与权威性，从而有助于推进中小学思政课教材内容的一体化建设。但在这一过程中忽视了中小学与大学之间的衔接与整合，一个重要原因就在于大学教材与中小学教材编审之间的分离。大学思政课教材作为马工程教材体系建设的重要组成部分，有其独特的编审程序，而涵盖各学段的、统一的思政课教材编审机制尚未形成。

第二，一体化落实机制尚待健全。教材内容一体化建设的理念、方针、政策要想发挥作用，必须推进其具体落实，而落实机制的不完善是造成大中小学思政课教材内容一体化建设问题的重要原因。通过考察教材内容一体化建设的具体落实现状可知，总体上缺乏从中央到地方、从高校到中小学的思政课教材内容一体化建设的具体落实机制。

第三，一体化沟通机制尚待健全。一方面是尚未建立起不同学段思政课教材编写小组之间的有效沟通机制，不同学段教材编写小组之间缺乏沟通与交流，使得他们仅仅着眼于本学段，因而就某一学段来说思政课教材建设也许成绩斐然，但从教材内容的一体化建设方面来看则有诸多不足。另一方面是尚未建立起不同学段思政课教师队伍之间的有效沟通机制。就同一学段思政课教师之间的沟通交流来说，机会较多、平台建设较为成熟。但就不同学段思政课教师而言，他们之间沟通交流的机会较少且缺乏一定的平台。究其原因就在于各学段教师队伍之间的沟通交流机制建设尚未有效建立，导致不同学段思政课教师之间的互动不足、沟通不畅，影响思政课教材内容一体化建设。

第四，一体化评价机制尚待健全。评价方式是反映思政课建设情况的晴雨表，也是发挥教材内容一体化建设合力的重要手段，能够为教材内容一体化建设提供有效反馈。可以说，一体化建设的评价机制有待完善，是思政课教材内容一体化建设长期以来得不到有效改进的重要原因之一。当前关于思政课的评价往往强调对其教育教学效果进行评价，而忽视了对教材内容一体化建设情况的标准化评价与系统性反馈，重结果性评价轻过程性评价。教材内容一体化建设中的问题难以进行及时反馈，导致教材内容一体化建设中的一系列问题长期得不到有效改进和解决。

（三）教材编写逻辑倒置

教材编写的逻辑顺序也直接影响思政课教材内容在不同学段的编排与呈现，进而影响教材内容的一体化建设。依据学生认知发展客观规律和思想政治教育规律可知，思政课教材编写应遵循小学、初中、高中、大学这一由低到高的逻辑顺序，即在低学段教材内容基础上，立足已有教材内容及学生发展实际编写高学段思政课教材的内容，实现不同学段教材内容之间的循序渐进、螺旋上升。但实际考察思政课教材编写的逻辑顺序发现，以往编写思政课教材往往是从大学开始，当大学教材编写完成之后再依据相应的课程标准进而编写高中阶段的思政课教材，以此类推编写初中、小学阶段的思政课教材，即思政课教材编写呈现出逻辑上的倒置，且在编写某一阶段思政课教材内容时较少关照和参考其他学段的教材内容，不同学段教材内容之间难以有效衔接。这种从大学到高中，再到初中，最后到小学自上而下的思政课教材编写的逻辑顺序，在编写大学阶段思政课教材时就已经规定了教材内容的总体水平，并从这一水平开始依次向低学段进行压缩，难以兼顾低学段已有教材内容。从高中到小学每一学段思政课教材内容的压缩空间和展开内容是十分有限的，造成了不同学段思政课教材内容之间的简单重复问题。同时，这一倒置的教材编写逻辑顺序，使得高学段的思政课教材编写队伍难以把握低学段思政课教材已有的知识内容、学生现有的认知发展水平等客观现实情况，导致在思政课教材编写过程中表现出一定的盲目性，进而造成不同学段思政课教材内容之间出现简单重复、衔接不畅、缺失脱节、偏离实际等一系列问题。总结而言，这种教材编写逻辑顺序上的倒置，是造成思政课教材内容一体化建设中各种问题的重要原因之一。

（四）主体队伍意识不够

教材的问题归根结底是人的问题，是人意识的问题。具体而言，主体队伍一体化建设意识不够，在教材编、审、用的实践过程中缺乏对一体化建设的重视，是当前思政课教材内容一体化建设问题的原因之一。这里主要是指思政课教材编写队伍、审核队伍及教师队伍的一体化建设意识不够。

第一，教材编写队伍一体化建设意识不够。思政课教材的内容虽然是客观的，但这些内容在教材中如何呈现即呈现的形式以及深浅程度却受教材编写者的深刻影响。作为思政课教材的编写者、建构者，教材编写队伍一体化建设意识的强弱直接影响思政课教材内容一体化建设的效果，体现在教材内容一体化建设的方方面面。

第二，教材审核队伍一体化建设意识不够。审核环节是教材投入使用前的最后一个环节，思政课教材审核队伍一体化建设意识不够，使其在教材审核阶段仅仅就该学段教材内容的自洽进行审查，忽视对教材内容一体化建设情况的审查、核定，进而导致在一体化建设方面存在问题的教材也被投入使用。同时审核环节作为教材编写与使用的中间环节，审核队伍一体化意识不够，对上难以为教材编写队伍提供一体化建设反馈意见，不利于教材编写队伍的一体化建设意识的提升；对下难以对教师队伍在教材内容一体化建设方面提出要求，对思政课教材内容一体化建设产生消极影响。

第三，教师队伍一体化建设意识不够。教师队伍的一体化建设意识主要是指思政课教师既立足于本学段，又能从教育教学的阶段性、层次性与连续性出发，整体把握和设计教学过程。但基于当前升学压力、能力不足等主客观原因，各学段尤其是中小学思政课教师对教材内容一体化建设的重视不够，仅着眼于完成本学段的教学任务，使得思政课教师在利用教材开展教育教学时，难以及时反馈、有效应对教材内容一体化建设方面存在的问题，不利于思政课教材内容一体化建设的推进。

第三节　教材内容一体化建设路径

新时代背景下，培养社会主义建设者和接班人是我国教育的整体目标和任务，而优化大中小学思政课教材内容是协助完成这项任务的关键一环和重要保障。因此，只有将各个学段间的思政课程内容衔接好、布局好，才能统筹推进教育现代化。

一、统筹内容管理，联结教学环节

思政课的管理涉及许多方面的内容，通过优化管理架构、统筹课程标准修订和完善教材编写机制把思政课的各个环节连接起来，推动大中小学思政课一体化建设。

（一）科学优化管理架构

大中小学思政课教材一体化建设需要强有力的组织保障。2020年12月，教育部成立了大中小学思政课教材一体化建设指导委员会，保障一体化进程的顺利实施。同时，思政教材一体化建设的实现首先要设置科学合理的管理架构，只有不断优化管理架构，改变传统的管理模式，围绕一体化建设目标，积极推进科学决策和有序管理，才能确保思政课向着一体化的方向发展。一方面，要明确管理职责，坚持谁编写谁负责，建立规范的教材管理原则和程序，实现各司其职，各尽其责，共同做好教材的编写工作；另一方面，要健全体制，完善教材编写管理办法，对教材编写过程中遇到的问题和挑战要及时沟通解决，加强监督管理，完善激励保障，确保教材编写队伍的活力，提升教材的质量。只有根据思想政治教育的目标和学科特点明确管理权限及职责，才能形成科学合理的管理体系，在机制上确保大中小学思政课一体化的发展方向。

另外，思政课管理体系主要由国家和学校两个管理部门构成。要想实现思政课一体化，就需要两个管理部门明确各自权责，避免出现权责交叉、管理混乱的现象。同时，还需要不断完善管理架构，以党的领导为核心，构建科学合理的领导体系。首先，各级党委要深入了解并监督思想政治教育的落实情况，确保各学段思想政治教育有效衔接，全力推进思政课一体化建设；其次，对各学段的思政课进行统筹管理，形成由一个部门进行统一管理、规划、部署，形成由上至下的统一思想；最后，管理体系内各部门要明确分工、明确权限、明确责任，紧紧围绕一体化建设目标，使各部门分工更加科学，更能适用一体化的发展需求。

（二）统一课程修订标准

课程标准是教材编写的核心，是完成教学目标、考核教学成果的依据，也是学科发展的总领性文件，大中小学思政课教材一体化建设就要确保课程标准修订统一。然而，当前各学段适用的思政课程标准不是在同一年份修订的，课程标准修订没有实现统一，使得各学段的教材内容缺乏有效衔接，影响大中小学思政课一体化建设。

当前大中小学思政教材衔接不畅的原因之一便是课程标准修订没有实现同步，不同学段的思想政治教育分属不同的部门管理，且缺乏有效的沟通机制，教育部门应设立单独的统筹管理部门，统一课程标准修订，确保大中小学思政课教材编写有效衔接。统筹管理部门可以由两个部门联合兼任，并从大中小学每个学段选聘一些具有一定教学经验的教师，作为思政课一体化建设的研究专家，制定适用于大中小学各学段统一的课程标准，再下发至相关部门，各地相关部门根据总体指引修订各学段的课程标准。

（三）统筹规划思政课教学内容结构

教学目标需要一定的教学内容承载，表明教学内容一体化建设是推进大中小学思政课一体化建设的重点之一。大中小学思政课教学目标在本质规定上的一致性决定了大中小学各学段思政课在教学内容上也应纵向衔接和横向贯通。目前，我国不同学段的思政课的教学内容仍存在一定的重复性和跳跃性问题，连贯度和递进度欠缺。思政课作为一门引导学生立德成人、立志成才，增强中国特色社会主义"四个自信"的课程，其教学内容不可避免地具有反复性和无限性，这就需要教师以学段划分为边界，充分考虑不同学段学生的认知水平，对知识进行不同深度的讲解。因此，思政课教学需要在教学内容上形成纵向的链接和横向的发展，统筹规划思政课教学内容结构，构建具备连贯性和渐进性的教学内容体系。

首先，在中小学阶段的教学内容准备上，需要适当地开阔教育视野。具体的可以在以背诵记忆知识点为主的内容中适当加入符合社会发展和实际生活的内容，提升覆盖范围，改进教学语言，使其更加贴近现实生活，做到知识和能力并重，由浅入深，由表及里，为以后大学的教育奠定基础。其次，在大学的思政课教学内容中，需要注意研究不同思政课程之间的内容交叉和重复问题，编写具有良好综合效果的教材体系，而不是片面追求各自体系的自洽性和完备性。在教学内容相近的部分力求形成每一学段自身的科目链条，使整个教学内容系统更加连贯。最后，每一阶段的教学内容设置应与前一阶段形成"承上启下"的关系，避免出现"断裂式"的跨度较大的教学内容。在遇到重复的教学内容时应带领学生发掘其内在的深度和广度，而不是单纯地对知识进行二次普及。除此之外，各学段教师还要注意教学内容的及时准确更新。其中大学的教育内容相对于中小学来说更为广泛，为避免在衔接上出现空白，更要注重在编写不同年龄教学内容时做到与时俱进，实现大中小学教学内容的有效衔接。

二、注重教材衔接，建立互动平台

完善教材是思政课教材内容一体化建设的应有之义和关键一环，学校既要做到优化教学目标，统筹教材内容，同时也要建立高效的互动平台，共享优质资源。

（一）优化教学目标，完善内容衔接

大中小学思政课教学目标决定着思政课教学内容的选择、教学方法的实施以及教学效果的评估，规定着大中小学思政课教材内容一体化建设的基本方向，影响着学校思政课的整体育人成效[①]。因此，不能忽视思政课教学目标在内容一体化建设中发挥的重要作用。同时，由于思政课贯穿学生学习生涯，是培养学生优良思政品德的关键课程。因此，考虑到不同阶段学生认知发展水平的差异性和身心发展的重要性，思政课教材内容设置要做到渐进深入，持续推进。但要注意，课程目标的制定要紧紧围绕学生来展开，要求既要在内容上做到衔接有序，同时也要根据学生的可接受度不断优化，从而提高教学目标一体化设计的针对性和有效性；构建思政课程目标一体化体系，通过梳理全学段的教材内容，围绕思政学科的核心素养来确定具有系统性和层次性的不同学段的教学目标与学习水平要求；既要有一以贯之的总目标，统领所有学段的教学任

---

① 董沛淇. 大中小学思政课教学目标一体化设计的规律性依据[J]. 山西高等学校社会科学学报，2022（5）：30.

务，又要将不同学段不同年级的教学目标进行细化和分解，使课程目标更加具体、细致、明确，这也有助于帮助教材编写人员更加精准地依据教学目标编写教材。

（二）统筹教材内容，保证整体性突出差异性

在教材内容一体化建设中要做到统筹教材内容，既要保证内容的整体性，也要保证各学段内容的差异性，做到纵向上目标清晰分布合理，横向上内容互补、详略得当。对于整体性的把握，要坚持全面、联系，发展观点的运用，将系统性思维应用到大中小学思政课一体化建设中去，从而实现教材内容循序渐进、螺旋上升。第一，要始终坚持将立德树人根本任务贯穿各个学段，遵循学生教育心理学相关知识，准确把握学生认知发展水平，尊重成长规律。在课程内容的设计上各有侧重、阶梯式推进。第二，对于差异性的要求，要做到各学段教材重点内容侧重不同，符合学生成长规律。小学阶段注重情感教育，重点培育小学生形成良好的道德行为习惯，所以教材内容的安排更应贴近学生的日常生活，侧重学生的道德培养。中学阶段是学生脑力、智力快速发展的时期，也处于青春期这个特殊的时期。教材内容要做到理论与实践相结合，不能只拘泥于教学生书本上的理论知识，要将学习与生活紧密结合，在实践中学到知识，得出真知。大学阶段，学生已经形成成熟的世界观、人生观、价值观。这个阶段的教材内容，要在中学教材内容的基础上加以延伸和拓展，注重培养学生的思辨能力，同时要在内容上要注重知识的理论性、内容的逻辑性，重点增强学生的使命担当。

（三）建立专家互动平台，优化优质资源共享

大中小学思政教材内容一体化建设需要建立专门的专家互动平台，让高校教师和中小学教师之间有渠道、有方法进行一系列高效的互动交流，提升各学段思政课教师间的了解，并通过交流互动逐步形成教学内容和教学方法的探讨。第一，搭建专家互动平台，让各学段教师熟悉大中小学完整学段思政课教材内容。只有充分了解全阶段的课程目标和课程内容，才能够在编写教材时站在一个总领全局的高度，以全局性的视野和整体性的原则来编写思政课教材。第二，能通过互动平台开展教研活动，共享优质资源。借助平台，让大中小学思政课教师都能定期参加相关教研活动，实现教研平台共建，教研问题共治，教研成果共享。通过平台搭建起各学段思政课教师之间沟通的桥梁，分享经验，取长补短，共建思政教材内容一体化。第三，建立专家互动平台，使大家

集思广益，群策群力。这一方法既可打破时间空间的壁垒，同时也可消除不同学段间交流的隔阂，有效做到优秀教学资源共享共建。

（四）充分了解学生需求，合理融入思政教材

教师是教材与学生之间的重要桥梁和中介，因而教材育人价值的实现离不开教师在"用教材教"过程中对于学生的价值引领与引导。在现代教学背景下，学生才是教育的主体，首先要处理好学生主体和教材主导之间的关系，让教材建设真正实现国家需要和学生自身成长需要的有机统一。其次，要充分了解学生对教材的掌握程度，了解学生对教材的困惑在哪里，学生的需求是什么，教材内容与学生实际生活如何更好对接、融合是教材分析过程中不能被忽视的重要内容。总之，要从学生的角度出发深入调查研究，解决学生的需求，加强教材内容与学生生活的融合程度和适配性，为实现教材教学内容入耳、入脑、入心提供坚实基础。

三、提高教师素质，培养衔接意识

教师是教好思政课的关键，应强化教师对内容一体化的认识，提高教师队伍专业素质，组建一支素质过硬专业过强的思政课教师队伍。这对提升课堂质量和教学质量、推进教材内容一体化建设起着重要的推动作用。

（一）增强大中小学思政课教师互动交流

由于教师在教学活动中扮演着引路人这一重要角色。因此，一方面，增强大中小学思政课教师间的交流能促进教师了解其他学段的教学内容，从而有效避免课程内容重复讲解。而对其他学段课程内容的有效了解，也能使教师更深刻地了解到自己所教的本学段的重点，从而对这些重要的知识点有针对性地重点讲解，加深学生对内容的印象，帮助学生更快地理解教材所蕴含的深层次含义。另一方面，增强大中小学思政课教师间的交流能使教师对教学目标有更加深刻的理解。比如小学阶段的教师侧重点在启蒙教育，在课堂上可以采取趣味教学、拓展教学等轻松愉快的教学方式引导学生学习，增强学生对思政课的学习兴趣。从不同学段来看，初中思政课教师侧重点在于夯实基础，可以将思政课搬入第二课堂中，带领学生参观红色文化纪念馆等，通过实地走访，激发学生学习热情；高中思政课教师侧重于知识巩固，可以将社会和国际上发生的真实案例搬进课堂，对学生加以引导，使他们初步形成思辨能力，加深对思政课

内涵的理解；高校思政课教师以课堂作为主阵地，侧重书本知识融入实际生活，借助诸如宣讲、调研等形式，让学生切实体会身边的政治，对学生成长意义非凡。

(二) 提升教师大中小学思政教材内容一体化意识

教师对教材内容一体化的认识的高度决定了其执行能力和教学效果。提升教师大中小学思政教材内容一体化意识首先要做到政治立场坚定。因为思政课教师是学生成长道路上的领航员，要引导学生朝着正确的方向前行，其重要性不言而喻。所以，思政课教师首先自身要有坚定的理想信念，有着与学段相匹配的知识水平和科研能力，只有这样才能实现知识的传播和转化。其次，提升教师对于一体化建设的整体性意识可以利用外在培训与自主学习相结合的方式。其中，外在培训可以通过相关文件解读、专家专题讲座、各学段教师定期交流会等形式巩固和加深教材内容一体化的意识；自主学习则是指教师在教学过程中能够主观意识到一体化的重要作用，在讲解教材内容时注意内容衔接和教学方式。总之，教师要做到知情意行相统一，真正做到以学生为主体，培养学生学习兴趣，提升思政课教学实效，而不是一味地唯分数论。

第三章 大中小学思政课一体化的教学衔接

受传统学制影响,思政课教育教学和人才培育存在学段阻隔,大中小学各学段之间存在沟通不畅、育人不力以及重复叠加之弊。适应新时代发展对人才培育的战略需求,落实立德树人根本任务,必须统筹推进大中小学思政课一体化建设,打通学段阻隔,推进学段衔接,这是当前亟待解决的问题。

第一节 教学衔接相关内容

大中小学思政课是坚定学生政治信仰,使其树立正确的理想信念,落实立德树人根本任务的关键课程。而课程根本任务的完成、时代新人的培育,要求必须打破各学段的局限,实现各学段思政课的有力衔接。思政课育人的整体性、课程目标的持续性、课程内容的递进性,又为贯通各个学段,促进有效衔接提供了可行性。

一、教学衔接概念

从教学过程中看,教学既包括教师的教,也包括学生的学,即表明教师是教的主体,学生是学的主体。因此,教学衔接既包括教师的衔接,也包括学生的衔接。教师的衔接是指教师在考虑对方学段特点的前提下,根据课程标准以及学生身心发展特点、教学内容、教学目标等进行教学,使学生从一个学期或者一个学段自然过渡到下一学期或者下一学段,学生在充分达到上一阶段教学目标的情况下能够得心应手地完成下一阶段的教学目标。而学生的衔接主要是指在相邻学期或相邻学段学生在学习态度、学习方法上的融会贯通。总的来说,教学衔接是针对两个阶段的教学衔接,这种衔接并不是教师和学生机械式地将两个教学阶段首尾相连,而是在充分发挥教师和学生主观能动性的前提下,将两阶段的教学方法、教学内容以及学习方法相互过渡、联接,以实现教学的连续性和完整性。

二、大中小学思政课一体化与教学衔接的关系

（一）目标与路径

大中小学思政课一体化是在新的历史阶段、新形势下加强和改进思想政治教育的前进方向和奋斗目标，当前大中小学思政课一体化建设这一思政课总体布局，能够为思政课开启新一轮综合改革、实现内涵发展提供重要机遇。中小学阶段是青少年学习生涯中的重要阶段，具有基础性意义，优化中小学思政课教学衔接是实现大中小学思政课一体化建设的必然路径选择，中小学思政课教学衔接也要始终以大中小学思政课一体化为出发点和落脚点。改革开放以来，我国思政课适应着不断变化的现实情况，与时俱进，不断改进与加强，彰显着独特的育人价值。但同时也出现了中小学思政课存在断层、未有效衔接、思政全程育人不足的问题。这就要求我们根据新情况、新变化和新要求，增强问题意识，完善大中小学思政课一体化顶层设计，优化总体布局，促进思政课资源在各个学段合理流动，加强中小学思政课教学衔接，进而推动一体化建设，实现思政课内涵式发展。

（二）系统与要素

大中小学思政课一体化既是一个建设目标，也是一项计划，是我国在思想政治教育领域一项全新的计划，对思政课发展具有全局性影响，对此可以把大中小学思政课一体化视为一个系统。在马克思主义哲学中，系统是相互联系、相互作用的诸要素构成的统一整体，要素是组成系统整体的各个部分，在大中小学思政课一体化这一系统中，教学衔接便是一个关键的要素。课程的生命力很大程度上由教学决定，中小学在教学目标、教学方法和能力培养等方面存在的断层会直接影响到整体思政课质量。思政课伴随着青少年成长的全过程，发挥着铸魂育人的重要作用。"十年树木，百年树人"，要切实做好人的培育就必须从学生的身心发展规律、教育教学规律出发，树立系统思维，循序渐进，抓住关键，做好教学衔接，促进思政课建设内部系统优化，充分发挥部分的功能，达到整体的功能大于部分之和的效果。总之，在一体化建设中，要充分发挥中小学思政课教学衔接这一重要因素的重要作用，做好教学衔接，为把思政课塑造成一个紧密联系的跨学段有机整体强基固本。

三、教学衔接的必要性及可行性

思政课作为落实立德树人根本任务的关键课程，必须按照党和国家的要求，结合课程本身的特质，推动各学段思政课的有效衔接。这既是新时代教育事业的重要任务，也是培育时代新人的重大使命。

（一）教学衔接的必要性

思政课程根本任务的实现、时代新人培育的完成，要求大中小学思政课必须同向同行，做好学段衔接，打破学段阻隔，只有这样才能够提高大中小学思政课的系统性和整体性，真正做到立德树人。

1. 完成课程根本任务的必然要求

从思政课本质属性来看，大中小学思政课同向同行，不管处于哪一个学段，都围绕课程的根本任务，为了培养对祖国有用的人才。学生的成长成才、道德的培育与发展，其过程是由一个学段接着另一个学段循序渐进完成的。在现实教学过程中，各学段之间常常存在各自为政的情况，各学段仅关注本学段的教学状况，较少考虑与其他学段的有效衔接。大中小学思政课各个学段之间进阶不清，教学内容叠加重复、教学形式乏味单一，未能从整体上推进大中小学思政课的整体性与过程性、系统性与学段性的有机统一，导致各学段思政课教学实效性的片面化、碎片化。但不可否认，课程根本任务的实现不是一朝一夕能完成的，它是一项必须长久努力、有序递升的工作，因此，大中小学思政课"要针对不同学段，根据思想政治理论教育规律和学生成长规律科学设置具体教学目标，抓好教学目标设计、课程设置、教材编写、教学改革、教师培养、考核评价等环节，既不能揠苗助长、操之过急，又不能刻舟求剑、故步自封"[1]。只有充分考虑到大中小学思政课不同学段的教育现状，构建出具有针对性并能纵向贯通不同学段思政课发展实效性的课程体系，立德树人根本任务的实现才能朝着同一方向前进，这必然要做好学段与学段之间的衔接，打破学段之间的阻隔。总之，大中小学思政课能否融入衔接意识和衔接观念，关乎着大中小学思政课程根本任务能否顺利完成和实现，同时学段衔接也成为推进各学段思政课有力衔接的根本点和关键落脚点。

---

[1] 习近平. 思政课是落实立德树人根本任务的关键课程 [M]. 北京：人民出版社，2020：27.

2. 时代新人培育的现实要求

思政课教育使命是为党和国家培育一代又一代拥护中国共产党和中国特色社会主义制度，继承和发扬爱国主义情怀，立志把伟大爱国情感、强烈爱国意志、坚定报国行为投入为祖国努力奋斗的事业当中，保障中国共产党和人民的事业后继有人、国家长治久安，并为其奉献终生的有用人才。而由于人才的培育是一项复杂的系统性工程，大学、高中、初中、小学这几个学段的各项任务、目标的落实需要系统化，需要融入教育体系的各个环节、各个领域。因此，大中小学思政课各学段需要做好接力，汇集多方面的育人合力，从宏观制度保障到中观学校对接再到微观教师队伍建设和教学实践，铸牢横向贯穿、纵向一体的育人模式，将国家发展、社会建设、党的教育方针与人才培育紧密结合。只有这样才能在有效、连续、全面、连贯的思政课人才培育模式下，循序渐进地实现从低学段的情感熏陶到高学段的行为呈现，更好地实现立德树人。综合而言，大中小学思政课只有通过学段衔接，遵循人才培养的规律，各学段各司其职，相互配合，做好对学生的思想引领、政治引领、价值引领以及行为引领，指引学生确立正确的思想观念，形成积极的情感体验，承担起时代责任，履行好正确的政治行为，才能筑牢学生成长的基石。

(二) 教学衔接的可行性

大中小学思政课育人的整体性、系统性需要贯穿学段衔接，使大中小学思政课形成一个有机整体，而同时各学段思政课育人目标的整体性、课程目标的持续性、课程内容的递进性又为大中小学思政课的学段衔接提供了可行性。

1. 思政课育人的整体性

思政课是对各学段学生进行正确思想教育的主要渠道和主要阵地，是对学生进行立德树人、培根铸魂的关键课程，也是贯穿在成长与发展各阶段的系统性课程。为此，应该把学生思想政治教育看作整个国民教育不同学段有着不同表现形态或层次类别的学生思想政治教育组成的系统性存在。2019年全国学校思政课教师座谈会把大中小学各个学段的思政课统一称为"思想政治理论课"即"思政课"，这为各学段的思政课统一了名称，这也更加明确了思政课是一个系统的整体，强调思政课育人的整体性。究其本质，大中小学思政课是一脉相承的，即都是为树立学生科学的世界观、人生观和形成正确的政治态度、价值认同奠定基础，培养担当起中华民族伟大复兴历史使命的社会主义事业的建设者和接班人。大中小学思政课在教学过程中，也有着共同的教育目标，都蕴含在思政课整体的育人功能之中，不同的是各学段有着各自要实现的短期目标，各有"使命"，使命赋予大中小学思政课的学段衔接以新的意义。

综上所述，大中小学思政课要履行好各学段的责任，低学段向高学段靠拢，高学段向低学段看齐，做好学段衔接，形成合力，在环环相扣、逐步递进中，螺旋上升地推动育人目标的整体实现。

2. 课程目标的持续性

课程目标的持续性是指各学段思政课的课程目标之间存在着连续性，即高学段是低学段的纵深与深化。《关于深化新时代学校思想政治理论课改革创新的若干意见》明确指出，"大学阶段重在增强使命担当、高中阶段重在提升政治素养、初中阶段重在打牢思想基础、小学阶段重在启蒙道德情感"[①]。大中小学思政课在各个学段都有着各自的课程目标，但彼此之间并不是相对独立的，低学段课程目标逐渐向高学段课程目标递进发展，而高学段课程目标又以低学段课程目标的贯彻为根本。其中，小学学段是养成学生良好的精神人格、道德习惯、生活习惯、学习习惯的最佳阶段，着重对学生进行情感熏陶和道德习惯的培养，注重培育学生健康的人格以及有条不紊的行为习惯。初中学段是学生身心发展发生巨大变化的敏感时期，从个人生活逐步过渡到对集体、家庭、社会、国家、世界的感知。在这个阶段注重引导学生从感性的道德认知过渡到理性的道德认知，学会正确处理个人与集体、个人与社会、个人与国家三者之间的关系。高中学段的学生即将以成年人的身份踏进社会生活，心智较为成熟，这一学段注重加强学生理性行为的践行与政治认同的培育，重点培养学生的核心素养。大学学段的学生此时心智已经成熟，世界观已经形成，因而这一学段注重对学生使命与担当的培育，培育他们的信仰与理想、情怀与担当，树立他们高远的理想追求与深沉的家国情怀，并且用学理性、深刻性的知识武装头脑，指导实践，科学分析社会热点、国际现象，积极投身于为祖国奉献自我的伟大实践。总结而言，从小学学段的感知认同、初中学段的思想认同、高中学段的政治认同，最后到大学学段的实践认同，实现了由感性认识到理性认识、从认知到信念、从思想到行为的转变，这一过程必然是持续性的，是循序渐进、螺旋上升的。因此，不同学段的思政课绝对不能闭关自守，彼此独立地

---

① 中共中央办公厅，国务院办公厅.关于深化新时代学校思想政治理论课改革创新的若干意见[N].人民日报，2019-08-15（1）.

进行思政课教学，呈现各学段单一的课程目标，而是要在完成自身课程目标的同时，做好上下学段课程目标的衔接，遵循学生心理发展特点，由他律到自律，由简单到成熟，由情感到行为递进式深入，使其在育人效果上连续发力、整合呈现，实现对"完备的人"的培育。

3. 课程内容的递进性

大中小学思政课的课程内容难度适中、分量适量，具有递进性。《关于深化新时代学校思想政治理论课改革创新的若干意见》提出，"本专科阶段重在开展理论性学习，高中阶段重在开展常识性学习，初中阶段重在开展体验性学习，小学阶段重在开展启蒙性学习"[1]。为此，不同学段思政课的课程内容具有递进性，而学段内部的课程内容也应层层递进。例如，小学和初中教材内容遵循由浅入深，由易到难，由个人到集体，由家庭到社会、国家，层层递进，高度关联。小学课程内容依据学生心理发展规律，从刚入学引导学生感受亲情、集体、自然、社会逐步过渡到引导学生在课程内容中学会孝亲敬长，爱集体、爱自然、爱社会。初中教材一共有六册，其中七年级教材从小学生过渡到中学生的校园生活展开学习，围绕青春、成长、友谊、生命的主线以及怎样看待青春期的情绪，学会正确处理师生之间、生生之间以及家人之间的相处交往问题；八年级教材内容从校园、家庭生活过渡到社会生活，在社会生活中学会树立责任意识，遵纪守法；九年级教材内容从七、八年级的校园、家庭、社会生活过渡到国家和国际生活，课程内容更多注重国家政策、国际关系的教育。高中作为学生发展的关键时期，发挥着承上启下的重要作用。《普通高中思想政治课程标准（2017年版2020年修订）》规定：高中思想政治课的必修课包括"中国特色社会主义""经济与社会""政治与法治""哲学与文化"四大模块[2]。从课程内容中，学生了解到人类社会发展的历程和基本趋势，知晓中国特色社会主义理论的开创与发展，基于生活的逻辑对新时代中国特色社会主义各个方面的建设具备一定的常识性知识，并进一步引导学生将初中学段形成的理性认识转化为对社会、国家的公共参与行为，为学生确立正确的思想观念，增强学生对社会生活的理解能力与参与能力，同时拓宽对党和国家的认同。而大学阶段思政课在高中学段突出基础性、常识性的基础上，强调学理

---

[1] 中共中央办公厅，国务院办公厅. 关于深化新时代学校思想政治理论课改革创新的若干意见[N]. 人民日报，2019-08-15（1）.

[2] 中华人民共和国教育部. 普通高中思想政治课程标准（2017年版2020年修订）[S]. 北京：人民教育出版社，2020：9.

性、深刻性，系统学习马克思主义理论，从高中学段知道"是什么"过渡到大学学段知道"为什么""怎么做"，逐步深化对思政课的学习。总之，大中小学思政课在课程内容上具备一定的逻辑联系，呈现出层层递进的特点，为大中小学思政课的学段衔接拓宽了有序有度的路径。

第二节 初高中教学衔接

大中小学思政课一体化的初高中思政课之间必然是相互联系、相互衔接的，主要包括教师的衔接、学生的衔接、教学目标的衔接、教学方法的衔接、教学内容的衔接、教学评价的衔接等。初高中思政课教学衔接是指初中道德与法治课与高中思想政治课在教学内容、教学目标、教学方法、教学评价等方面的连接与过渡，使得教学影响具有连续性，促使初高中思政课教学循序渐进、螺旋上升。

一、初高中教学衔接概念

初高中教学衔接是指初中、高中思政课教师在尊重学生身心发展规律的基础上，合理安排初中和高中两个教育阶段的教学，做到前后贯通、首尾呼应，体现层次性、渐进性和整体性，帮助高一学生迅速转变学习初中思政课的思维、方法和态度，引导学生顺利从初中的思政课学习过渡到高中的思政课学习。

二、初高中教学衔接的现实意义

（一）有利于提升思政课教学的实效性

进入高中以后，思政课教学的主客体发生改变，具体表现为：在客体方面，初中思政课和高中思政课之间跨度较大，和初中思政课相比，高中思政课教材内容较抽象，理论性较强；在学生主体方面，高中学生身心发展迅速加快，抽象思维发展，能够认识到事物的本质属性。主客体条件的变化要求传递知识的教学活动也要发生相应的改变。具体到初高中思政课教学的衔接，就要求初高中思政课教师要在整体思维的指导下设计初高中思政课教学目标，衔接好初高中思政课教学内容，有针对性地选取初高中思政课教学方式，做好初高中思政课教学评价，使思政课顺利实现从初中到高中的顺利进阶。因此，初高中思政课教学衔接强调，要针对初高中学生不同的身心发展特点，运用不同的教学策略，帮助学生更好地适应不同学段思政课的学习。这蕴含着因材施教的教育思想，贯彻了学生主体地位的教育理念。另外，初高中思政课教学衔接体现出了思想政治教育的渐进性规律，有利于学生形成思政知识体系，增强初高中思政课教学的效果。

（二）有利于加强思政课学科的建设

思想政治素养的培育不是一蹴而就的，即这一目标不是仅靠某一个教育阶段的集中发力就能够实现的，需要凝聚各个教育阶段的力量。并且思政课学科的建设也不是一时一刻就能实现的，必须经过一个漫长的发展阶段。中学阶段是学习生涯的重要阶段，承接着小学，又为大学阶段的学习奠定基础。可以说，初高中作为学生成长的"拔节孕穗期"，衔接工作的有效开展能够提高思想政治教育的质量。由于初高中学生的可塑造性显著，他们还没有形成正确的"三观"，理想信念还不坚定，意识还不够独立，容易受到外界的干扰。[①] 因此，必须注重初中阶段和高中阶段的思想政治教育，同时做好两个教育阶段的衔接工作，避免出现教育断层期，防止不良思想和错误的意识形态侵害学生，使思想政治教育在初高中阶段得以延续，保证思想政治教育效果的一致性。同时，初高中思政课教学的有效衔接能够统筹规划初高中学段的思想政治教育目标，聚集初高中学段的思想政治教育资源，凝结初高中学段的思想政治教育力量，进而推进大中小学思政课一体化建设进程，最终加强思政课学科的建设。

（三）有利于落实立德树人的根本任务

党的十八大议首次将立德树人确定为教育的根本任务。与此同时，《关于深化新时代学校思想政治理论课改革创新的若干意见》强调了教育在国家发展战略中的重要地位，同时指出了思政课对于教育所发挥的重要作用[②]。教育必须为社会主义现代化建设服务、为人民服务，必须与生产劳动和社会实践相结合，培养德智体美劳全面发展的社会主义建设者和接班人。思政课是实施思

---

① 杨使兵，侯新旺．新时代初高中思政课一体化教学实践的探索与研究［J］．安徽教育科研，2019（18）：3.

② 中共中央办公厅，国务院办公厅．关于深化新时代学校思想政治理论课改革创新的若干意见［N］．人民日报，2019-08-15（1）．

想教育、政治教育、劳动教育等教育的关键课程，是使学生修身、立德、成才的主阵地。思政课衔接能够将不同教育阶段的教育资源整合起来，形成一个统一的思想政治教育系统，发挥"整体功能大于部分功能之和"的效果，发挥单个教育阶段的思政课教学发挥不了的作用。初高中思政课衔接有助于实现思想政治教育的一体化，推动学生的思政素养顺利实现从初中到高中的进阶发展，引导学生更好地修身、成人和成才，从而培育出优秀的建设者、接班人，真正实现立德树人的追求。

三、初高中教学衔接存在的问题

党和国家的高度重视、思想政治教育工作者衔接意识的提高都表明初高中思政课教学衔接取得了可喜的成绩。但初高中思政课教学衔接并不是一蹴而就的，而需要多方长期、共同的努力才能实现。目前大中小学思政课一体化初高中教学衔接存在的问题主要有以几方面。

（一）课程目标衔接不足

课程目标是学生在学习了该课程之后，在知识、能力、情感态度价值观等方面要达到的预期效果，是教学目标和教学方法设计的依据。我国思政课程目标从纵向看始终坚持以立德树人为根本目标。比如，《关于深化新时代学校思想政治理论课改革创新的若干意见》提出，高中阶段重在提升政治素养，引导学生衷心拥护党的领导和我国社会主义制度，形成做社会主义建设者和接班人的政治认同。初中阶段重在打牢思想基础，引导学生把党、祖国、人民装在心中，强化做社会主义建设者和接班人的思想意识[①]。

由此可见，同一门课程在不同的教学阶段，其课程目标有一定的差异，初高中思政课是一个有机联系的统一整体，从整体来看初高中思政课程目标的衔接，仍存在初高中学习内容各自为政的弊端，课程总体目标缺乏一以贯之的顶层规划。现阶段，由于初中阶段道德与法治课在各科总分中占比很少，加之在部分省市中考中道德与法治课为开卷考试，道德与法治课程的知识性教育大大减少。在高中思政课的教学中，迫于升学的压力，在实际教学中，一些高中思政课教师很自然地就将教学目标放到了理论知识上，而教学目标的偏移自然会

---

① 中共中央办公厅，国务院办公厅. 关于深化新时代学校思想政治理论课改革创新的若干意见 [N]. 人民日报，2019-08-15（1）.

影响到课程目标的达成。目前，部分初高中思政课教师尚未意识到在教学实践中贯彻课程目标一体化的重要性，未能意识到自身所处学段承前启后的作用，在很大程度上影响了初高中思政课程目标的系统衔接，难以形成系统的中学思政课程体系。

（二）教材内容重复与断层并存

教材是思想政治教育过程中教学内容的载体，关系国家事权。针对不同教学阶段的学生，在教学内容的选择上，需要避免低效的重复以及断层式的跨越，需要螺旋式的上升以及渐进式的加深。就初高中思政课教材而言，其教学内容的安排依然有待完善。

首先，初高中思政课教材内容存在简单重复、层次不清的现象，在部分内容中没有体现出两学段间的层次性。大中小学思政课一体化建设的过程中必然包括核心教学内容的部分重叠，但这并不意味着要对相同知识点进行简单低效的无意义重复。大量篇幅的简单重复在高中思政课的旧教材中体现得较为明显，在部编版新教材中此类现象明显减少，但在我国政治制度以及经济制度方面，其逻辑脉络高度相似，针对部分名词解释以及措施办法等知识内容的深度也相仿。事实上，必要的重复会在教师和学生之中形成一种无形的影响力，引起教师和学生的重视。但针对同一主题的教学内容，在初高中不同学段的教学应有所侧重，若只是简单的低效重复，可能使学生在心理上丧失对所学知识的积极性，降低对新知识的期待，不利于学生在情感价值上的成长，无法更好地凸显思政课的学科价值。

其次，初高中思政课教学内容还存在着断层的现象，且部分教学内容之间缺少必要的铺垫和衔接，相邻教学内容之间的过渡略显生硬，导致新旧知识之间存在着一定的断层和分离。初中道德与法治教材内容中涉及大量的道德教育、心理教育以及生态文明教育，如我与集体共成长、社会生活讲道德、成长的节拍、中学时代、建设美丽中国共筑美好家园等内容。但在高中教材中道德教育以及心理教育并未涉及，生态文明教育仅简单提及，并没有深入解释。除此之外，哲学方面的断层也很突出，初中道德与法治教材中并没有涉及哲学的相关内容，在高中教材的前三册也未涉及。诚然，哲学相关知识的学习对学生各方面水平都要求较高，但哲学思维是在日常的学习生活中不断培养出来的，离不开教师日常教学活动的有意识培养。

(三) 学生对教学方法变化不适应

受初高中思政课考试要求、学生思维习惯、学习习惯差异的影响，初高中思政课教师在教学方法上存在明显差异。基于教学内容的特点，初中道德与法治课堂更加注重学生的课堂体验，更加注重开展体验式学习，大多采用讨论、案例分析、翻转课堂等教学方法；注重培养学生的学习兴趣以及提升课堂参与率。同时，初中教师教学形式多样，课堂气氛活跃，注重通过联系学生的生活实际，让学生在实际参与中树立正确的"三观"。

而高中阶段思政课则迫于高考压力以及繁重的教学任务，教学节奏明显加快。课堂上以教师讲授为主，学生参与或者自主探究的机会较少，课堂容易显得沉闷枯燥，缺乏灵活性。另外，相较于初中，高中思政课更加注重知识的广度和深度，注重激发学生的理性思考、逻辑思维能力的培育。简言之，在适应了初中较为轻松活跃的课堂氛围后再转入高中相对沉闷的课堂氛围，以及加快的课堂节奏，学生难免不适应教学方法的转变，从而直接影响到初高中思政课教学衔接成效。

(四) 教师跨学段交流频次不高

尽管各地区都已经逐渐开展以大中小学思政课一体化建设为主题的教研活动，但这类活动只局限于经济、教育都相对发达的大城市，中小城市的此类活动开展得相对较少。另外，目前初高中思政课教师之间沟通交流机会仍然较少，即使有机会彼此交流，交流成效也欠佳。另外，在大多数中学，初中教研活动与高中教研活动是分开进行的，更没有与不同学段的学生进行沟通交流。中学的教研活动一般都是围绕本学期的教学计划、听课以及评课展开，很少涉及教材以及课程标准的讨论和学习，教师的专业发展受到限制。除了学校内部的教研活动，教育主管部门组织的国培计划、各种类型的教师进修活动以及各种类型的赛课理应也为初高中思政课教师提供很好的交流机会，但在这些活动中，其覆盖面小，人数众多，且由于互联网的发展，很多活动转为线上，有流于形式的迹象，造成教师之间有效的互动不多。在各种类型的教学竞赛中，初中和高中政治组很多时候也是分为两组比赛，这样的教研分组、竞赛分组以及学习分组，使得初高中思政课教师之间的交流越来越少，即初高中思政课成为两个相互独立的教学阶段。从教师本身来讲，初高中思政课教师，特别是年轻的教师，很多时候在学校德育处承担了很多教学之外的工作，在这种情况下，教师能够按质按量完成日常教学工作已经很不容易，即使教师自身想要参与跨学段的交流也是分身乏术。

初高中思政课教师之间缺乏沟通交流会使教师对学生心理状态、能力发展水平以及对方学段的教学内容、教学目标以及教学重难点掌握不到位，教师无法选择更有针对性的教学内容和教学方式。在此情况下，在教学过程中就会产生很多问题，比如超前教学，即教学难度与本阶段学生身心发展不匹配，学生学习起来相对困难，严重打击学生学习积极性。同时还可能出现重复教学，在上一阶段已经详细讲授过的并且学生已经熟悉的知识点再次出现，容易激起学生的反感情绪，影响学生学习思政课的积极性。

第三节　大学与高中教学衔接

思政课是学校落实党和国家立德树人根本任务的关键课程，而德育是一个循序渐进、厚积薄发的过程。从高中阶段到大学阶段是思政课教育教学从量变积累到质变飞跃的关键环节，可以说，这两个学段的教学效果直接关乎学生的成长成才，关乎社会人才培养的质量与水平。因此，探索大学阶段与高中阶段思政课教学衔接，是适应学生身心发展、有效增强思政课教学实效性、实现学校德育系统化的必然要求。

一、大学与高中教学衔接的必要性

（一）适应学生身心发展规律的需要

思政课是实现学校教育立德树人根本任务的核心课程。其中，立德树人本身就是一个循序渐进式、螺旋式上升的发展过程，它主要强调德育要尊重个体身心发展的规律。就学生而言，高中与大学所处的年龄阶段是学生道德形成的关键时期，此时他们精力旺盛，思想活泼，学习与吸收能力处于高峰期。与此同时，他们也具有鲜明的个性特点。对高中生而言，他们大多处于少年转向青年的特殊阶段，已经具备一定的理性思维。但由于这个年纪的学生缺乏足够的知识储备与社会经验，明辨是非的能力较差，将思想政治理论知识转化为解决实际困难的能力较弱。同时，生理发展迅速但心理发展水平相对滞后，情绪不够稳定，易受周围环境的影响，若无正确引导，容易走向极端；对于大学生而言，他们多数处于18~22岁之间，主体意识增强，并且经过小学、中学等阶段的理论学习与身体机能发展,其逻辑判断与理性分析能力得到提升,对理论学习的深度和知识体系广度提出更进一步的要求。基于以上对大学与高中生身心发展规律的分析,加强大学与高中学段思政课的教学衔接。一方面,能满足不同学段学生发展的现实需求,积极引导高中生树立端正的态度、积极向上的价值观念,顺利实现从中学生到大学生的角色转换;另一方面,有利于了解大学生对思政课新的期待与要求,进而合理设置教学目标与内容,科学选取教学方式方法,提升大学思政课的深度与广度,有效满足学生的身心发展需要。

总而言之,学生处于成长发展的不同阶段,他们的认知能力、发展需求、心理特点也会随之发生转变。思政课教师应本着对学生及社会负责的态度,主动走进学生,关心学生,尊重学生身心发展规律,一脉相承、循序渐进地开展思想政治教育工作,有效提升思政课教学的实效性,使各阶段的思政课教学都统一并满足党和国家建设发展的内在要求。

(二) 增强思政课教学实效性的要求

思政课是学校开展德育的主要渠道之一,是帮助学生坚定理想信念、紧跟时代发展步伐的思想导向课,肩负着为国家与人民培育高素质人才的重任。长期以来,不同学段思政课缺乏有效衔接,教学实效性不高,导致课程目标难以实现,使部分大学生出现了道德滑坡、价值观混乱、缺少理想信念等问题。当今时代是一个信息科技高速发展的时代,人们获取信息的途径更多样、便捷,时代的发展既给我们带来便利,也带来了挑战。良莠不齐的信息也通过各种渠道向学生涌来,而涉世未深的学生辨别是非的能力有限,极易受到不良信息的影响。基于此,改变当前思政课教学现状,有效加强不同学段思政课的教学衔接,增强思政课教学实效性迫在眉睫。高中思政课与大学思政课教学存在较大的差异。就课程目标而言,高中思政课教学主要是在普及基本理论知识的基础上,提升高中生的思想政治素养;而大学思政课教学引导学生重新审视这些政治素养,使其上升为坚定的个人信念,并在实践中加以运用,外化为行为品质,增强学生的使命担当。

思政教育是一个系统发展过程,前一阶段教学是后一阶段的基础,后一阶段也应主动向前一学段看齐,而且只有加强相邻学段的互动交流,才能了解彼此的教学效果与发展困惑。在两个学段的教学互动与衔接的过程中,统筹规划学段目标、弥补教材不足、借鉴方式方法,才能有针对性地展开思想政治教育,提升教学实效性。否则大学与高中思政课教学始终是各自为政,教学缺乏难以保持思政教育的系统性,也无法提升教育的针对性,最终导致教学理论与客观实际的脱节。

综上所述，大学与高中这两个学段应有效加强思政课的教学衔接，通过二者的积极沟通、协力合作，才能促进教学的有机融合，实现循序渐进、螺旋上升的思政课教学，从而有效提高思政课的教学实效性，助力时代新人培育。

（三）实现学校德育系统化的题中之义

知识的学习需要积淀与承接，思想的成长也是延续递进的过程。这表明道德认知和思想品德的培育是一个长期积累、系统发展的过程，并且每一个阶段的教育都有其特有的教育及发展意义，不能用某一阶段涵盖学生所有的成长。与此同时，任何一个阶段的思政课教学都不能脱离其他阶段，而要在原有发展阶段的基础上进一步提高与完善。学生通过系统化的思政课学习才能使自身的思想品德得到全面的发展，担负起时代重任。高中与大学思政课分别在各自的学段对学生开展思想政治教育，高中承担着为大学输送人才的重任，紧接着大学在接收预备人才后，在此基础上将其培养成国家与社会所需的建设者与接班人。实际上，二者具有天然的衔接性，学生在高中阶段所养成的学术水平与道德修养对其大学学习及生活等各方面产生直接影响。大学与高中思政课教学衔接是实现思政课全程育人、系统化育人的关键一环，是完成立德树人根本任务的主要渠道。只有加强二者的有效衔接，才能顺利完成为国家和社会输送人才的使命。

然而，当前高中与大学这两个学段的思政课都或多或少存在一些问题。比如在高中，思政课教学受应试教育的制约，德育效能不高；而在大学阶段课堂上，一些学生对思政课的刻板印象较深，学习积极性、主动性较差，导致教学的实效性也比较差。另外，两个学段在教材、教法、教学目标以及教学评价等方面的衔接都存在一定的问题，使得本应有效衔接的学校德育系统产生断裂，教育效果大打折扣。针对此情况，加强高中与大学思政课教学衔接，实现学校德育系统化刻不容缓。学校德育系统化既要保证思政课内在的系统性，又要体现阶段性，注重连续性、衔接性，不再是各学段各自为政、相互割裂的状态，而是形成各学段侧重分明、递进有序的有机整体。

二、大学与高中教学衔接的成效

（一）课程目标区分度有所提升

近年来，教育部进行了一系列思政课改革建设，大学与高中思政课在课程目标上实现理论上的进阶与深化。2019年8月，中共中央办公厅与国务院办公厅联合印发了《关于深化新时代学校思想政治课改革创新的若干意见》，其中对大中小学思政课程目标进行了一体化设计。

为全面贯彻党的教育方针，深化思政课改革创新，教育部对普通高中思想政治课程标准也进行了修订，进一步明确不同学段的课程目标。《普通高中思想政治课程标准（2017年版2020年修订）》详细论述了高中阶段思政课程目标，即通过学习思政课培养高中生"政治认同、科学精神、法治意识以及公共参与"等学科核心素养，全面提升其思想政治素养[1]。2019年9月，教育部印发了《"新时代高校思想政治理论课创优行动"工作方案》，方案在"工作目标"中指明了要充分发挥高校思政课落实立德树人根本任务关键课程作用，全面推动习近平新时代中国特色社会主义思想进教材进课堂进学生头脑，建设一支专职为主、专兼结合、数量充足、素质优良的思政课教师队伍，培育一批优质教学资源，打造一大批内容准确、思想深刻、形式活泼的优质示范课堂。教育引导学生深化对马克思主义历史必然性、科学真理性、理论意义和现实意义的认识，坚定对马克思主义的信仰，坚定对社会主义和共产主义的信念，坚定对实现中华民族伟大复兴中国梦的信心，形成正确的世界观、人生观、价值观，增强中国特色社会主义道路自信、理论自信、制度自信、文化自信，不断提升大学生对思政课的获得感，努力培养担当民族复兴大任的时代新人，培养德智体美劳全面发展的社会主义建设者和接班人[2]。通过对比分析可知，大学与高中这两个学段的课程目标既具有一致性，又有一定的延展性与层次性。一方面，两学段都是通过宣传、教育主流的意识形态，将学生培养为国家与社会发展所需要的人才；另一方面，课程目标从高中的"核心素养"深化为大学的"使命担当"，其逻辑理路在整体上实现合理进阶，为大学与高中思政课的

---

[1] 中华人民共和国教育部. 普通高中思想政治课程标准（2017年版2020年修订）[S]. 北京：人民教育出版社，2020：1.

[2] 中共教育部党组. 中共教育部党组关于印发《"新时代高校思想政治理论课创优行动"工作方案》的通知[J]. 中华人民共和国教育部公报，2019（9）：8.

衔接提供了有利因素，初步实现大学与高中两个学段思政课程目标在理论层次上的衔接。但在教学实践中，课程目标的进阶层次能否实现以及实现的程度，均会受到各种内外因素的影响，需要统筹各个主体与要素凝心聚力，这样才能如期实现大学与高中课程目标的有效进阶。

（二）课程教材衔接度有所提升

高中思政课新教材于2019年在我国部分省市投入使用，必修新教材包括《中国特色社会主义》《经济与社会》《政治与法治》《哲学与文化》四个模块。就教学内容而言，课程改革后的高中教材与大学思政课教材的衔接度在一定程度上得到提升，两个学段的教材都以中国特色社会主义体系为主线，着重体现在高中必修一《中国特色社会主义》与大学《毛泽东思想与中国特色社会主义理论体系概论》（以下简称《概论》）的内容编排上，统一的教学主线、清晰的逻辑主线为开展大学与高中思政课教学衔接奠定了一定基础。高中必修一教材内容一共有四课，整个教材揭示社会主义在我国诞生、运用与发展的过程，揭示人类社会发展的必然趋势即社会主义代替资本主义。新版大学思政课教材的课程内容围绕习近平新时代中国特色社会主义思想展开，尤其是《概论》这一教材内容主要以创新马克思主义为思想主题，以马克思主义中国化为发展主线，同时将中国特色社会主义建设作为教学重点，旨在揭示中国共产党为什么能发展中国，马克思主义为什么在中国行得通，中国特色社会主义为什么好的本质。整体上对此，大学思政课教材与高中教材内容相比更具学理性，也更具深度，这在理论上实现教材内容既衔接又递升的根本要求，符合学生成长规律与思维发展特点。

综合而言，两个学段教材从不同的角度分析中国特色社会主义理论的内容与本质，高中从政治、经济、哲学与文化四个方面展开，大学以马克思主义发展的过程为主线，论述马克思主义中国化的过程及其意义。两个学段围绕"中国特色社会主义体系"这一根本主线，实现教材内容的衔接与递进。这两个学段思政课教材的衔接度有所提升，为大学与高中思政课教学实现衔接奠定了一定基础。

（三）对思政课衔接重要性的认识有所提升

思政课是一门注重德育性质的课程，且包含大中小学等不同的学段课程。但在日常生活中，提及思政课人们最先想到的往往是高校思想政治理论课，很少人将小学、初中以及高中的思政课纳入思想政治理论课考量。究其原因，相对于大学，其他学段思政课的内容较为基础，加上在应试教育潜移默化的影响之下，中小学段思政课被简化为一门普及道德行为规范与法律常识的知识性课程了。近年来，随着课程改革与思政课一体化建设进程的不断推进，逐步加深了人们对思政课程性质的认识，也逐步意识到思政课教学衔接的重要性。其中，学生以及教师作为思政课堂的双主体，他们对于思政课衔接认识的进步，无疑是思政课教学衔接的有利因素。虽然在思政课实际教与学的过程中，受到考试压力以及其他因素的影响并没有能够充分落实衔接，但他们在认知上有了进步，在一定程度上为这两个学段的衔接提供了有利条件。

三、大学与高中教学衔接存在的问题

（一）大学与高中教育评价体系有所冲突

高中阶段和大学阶段对学生的评价体系和考查相差较大。我国高中生经历了12年的寒窗苦读，其目的是在高考中能拿到的较高的分数，从而进入心仪的大学。然而，受高考体制的影响，思想政治教育不被列在重点范围之内，学校和教师对待思想政治这门课的态度直接影响了它在学生中的意义。教师在课堂中只注重教学计划和进度的完成，关注学生应试能力的培训，从而使思想政治理论课教学远离现实的社会现象。在高中阶段的学习中，思想政治教育理论课程并没有被当作考核学生的重要指标，而是以考试分数为主。高中阶段的应试教育、"唯分数"背景未能给大学阶段的思想政治教育做好铺垫，反而在一定程度上加大了大学思想政治教育的难度。与此相反，学生迈入大学阶段后发现，原来固有的"高分"理念在大学环境下已经不再适用，这一阶段注重整体素质的提升以及德育的培养，同时包括平时表现、课堂活跃程度、出勤率等都在教师评价和考核范围内。综合来看，大学的思想政治教育更多关注学生的全面发展而非只讲求分数的提高。折射出高中与大学思想政治教育评价体系存在一定差异，没有形成联合统一的整体，而是将思想政治的系统性、完整性割裂开来形成两个阶段的两种教育。评价体系的不同，致使教师在实施教学过程中的侧重点和目标就会有所不同，就会出现二者分离的趋势。结果是高中与大学思想政治教育没有"对接"起来。这是造成高中与大学思想政治教育衔接不当的一个重要原因。

(二) 大学与高中思想政治教育的方法与目标有所偏差

思想政治教育这一学科所具有的特殊性，致使每一个阶段的思想政治教育既有相同的地方又存在差异。在高中阶段，思想政治教育停留在政治生活、经济生活、文化生活以及哲学生活四个模块。实际上，思想政治教育学科的内容远远不止这些，它涉及我们生活的方方面面，既有隐形的也有显性的，潜移默化地影响着社会成员的思想道德水平。另外，高中思想政治教育的教学方式主要以课堂为主，以教师讲授为主，以应试教育为主，未能注重学生能将所学的理论知识与社会实践更好地结合起来。因此，高中阶段的思想政治教育实践活动较少，学生在实践活动中的获得感和体验感较少，这也在一定程度上制约了学生的发展，限制了其思维方式的发展。

与高中不同的是，大学阶段的思想政治教育，更偏向学生的整体素质的提高，看重学生的全面发展，培育新时代的社会主义接班人。因此，在大学阶段，教师会给予学生更多的主动性，提高学生分析问题和解决问题的能力。同时也通过其他一系列的课外活动、红色主题教育等来进行思想政治教育。例如，小组讨论或选一个有关课堂教学的话题由学生来讲等，这些实践活动都能对学生的思想政治教育产生一定的影响。而对于最终的考试成绩教师也是根据学生的平常表现以及综合各方面的因素，给予学生综合评定。

综上所述，由于高中与大学思想政治教育在教学方法和教育目标上存在一定的差异，学生在适应过程中难免会出现一些不当的情况，同时评价标准与评价体系存在差异，这是导致高中与大学思想政治教育衔接不当的重要原因之一。

(三) 教学管理体系不协调

大学与高中思政课的有效衔接需要综合考虑各种因素，涉及课程目标、内容安排、经费投入、评价体系等要素。当前，从国家到地方都没有组织大学与高中思政课衔接的管理机制，实行的各种政策、计划基本是独立的，并且跨学段思政课管理体系不协调，领导组织、运行协调、衔接评价体系等方面都还不够健全，使得思政课一体化建设缺乏整体性设计与系统性规划。

对此，应加强各领导部门的联系与合作，建立集中统一的思政课教学衔接领导部门，统筹规划大学与高中一体化建设的教材体系、内容体系、教学目标、教学方法与评价等教学工作安排。

科学合理的运行协调机制能够有效协调思政课各教学要素进行有机协调与

整合，打破不同学段间思政课教学单打独斗的局面，形成互联互通的和谐整体。

（四）教师衔接意识不足

在思政课教学中教师发挥着主导作用，而思政课教师的衔接意识与能力就成为不同学段思政课教学衔接的关键因素。近年来，随着党中央的宣传教育，各学段思政课教师的衔接意识有所增强，但衔接意识仍然不足，具体表现为高中和大学思政课教师依然维持着"单打独斗"、各自为政的工作模式。由于教师教学衔接意识不足，不同学段思政课教师缺乏必要的交流，难以了解彼此的教学实情，导致大学与高中思政课教学在目标、内容、方法及评价等方面的衔接断裂。

众所周知，高中阶段的思政课教师课程任务紧张，升学压力大，班级管理工作比较冗杂。因此，在高中除了极少数从事教学理论研究工作的教师，其他教师往往缺乏教学衔接的意识。在此环境下，高中思政课教师自然也不会产生与大学思政课教师进行沟通、开展教学衔接的意识。同样，大学思政课教师的工作量也相当大。他们不仅要从事本学院的专业课教学工作，还要完成学校公共德育课程的教学任务，同时为了个人的发展还更要加强理论研究，做好科研工作。这就导致大部分高校思政课教师没有过多的时间与精力去了解高中课堂的教学情况，缺乏对学生学科知识水平的了解。

第四节　教学衔接路径

大中小学思政课的学段衔接是一项需要从宏观、中观、微观三个层面合力的长期性、系统性的工程。针对大中小学思政课学段衔接存在的缺乏统一的组织协调、校与校之间信息不对称、教师学段衔接意识淡薄等情况，下面从加强顶层设计、推动学校联动、优化教师队伍、聚焦教学体系等方面提出了相关措施和路径，以此推动大中小学思政课教学衔接的发展。

一、加强顶层设计，为教学衔接提供制度保障

推动大中小学思政课的学段衔接不仅需要教育者的努力，更需要各相关部门的通力合作。这就要求各级教育主管部门、学校、教师之间要明确分工，强

化政策转化落地，注重管理制度配套，并建立统一领导、经费保障、绩效导向的机制以及集体备课制度和"学研育"学段共育机制，从顶层设计上为学段衔接添砖加瓦。

（一）强化政策转化落地，注重管理制度配套

在政策的制定上，大中小学思政课学段衔接充分发挥了教育的一致性和发展的总体方向。而真正落实这些政策，针对各学段思政课的有效衔接制定出适合各地区、各学段的具体实践方案，把各级教育主管部门制定的意见、方针、政策落实到位，对建立起切实可行的长效体制机制起着至关重要的作用。

围绕中共中央办公厅和国务院办公厅印发的学段衔接的相关政策，各地区省教育厅、各部门要针对各地区的现实状况制定出切实可行的实施方案，从而将下达到省级层面的政策转化落地。在这一政策转化的过程中，各地区的高校和教育主管部门是落实省级政策的终端，起着不可替代的作用，并直接决定了政策的释放效益。国家下达到省级层面的政策通过各地区教育主管部门和高校的管理制度配套汇总到学校，再进到课堂，最终落实到每位学生。比如，各地区高校的马克思主义学院和教育主管部门召开会议，构建不同学段思政课教师沟通交流、研讨观摩、培训访学、集体备课以及教学实践等一体化体制机制。具体而言，各地区高校的马克思主义学院和教育主管部门可以拟定一份合作协议，为成立各学段思政课衔接的实践研讨基地、创建实践调查的联合基地等提供制度供给，以期建立起可操作、可实行、可复制的大中小学思政课学段衔接的长期合作管理模式，以便将教育部门下达的相关政策通过转化真正落实着地。

（二）建立统一领导的协同机制

组织管理上，大中小学思政课的学段衔接需要建立统一领导的协同机制，为学段衔接工作的有效开展提供组织保障。对此各地区应根据当地的实际情况，以当地教育主管部门、当地重点高校的马克思主义学院或以当地政府为依托成立统一的组织领导机构，坚持共建共治共享的原则，重点组织引导当地的大中小学与教育主管部门或马克思主义学院共建合作，为大中小学思政课学段衔接的各项工作提供统一的组织领导和管理服务。

1. 建立教育主管部门或高校领导的协同机制

统一领导协同机制的建立需要加强与各学校所在地的教育部门，各地高校

马克思主义学院的工作人员、管理人员、教师之间的沟通联系。领导干部勤于组织引导，管理人员善于协调沟通，思政课教师乐于参与交流，同时要求不同责任主体分工明确，各司其职，确保相关工作的统筹衔接和协同共进。

2. 建立党委统一领导的协同机制

统一领导协同机制的建立需要坚持党的领导地位，充分发挥教育主管部门或高校马克思主义学院党委的领导责任。各地区成立由党委领导干部、各学段思政课骨干教师、学段衔接资深专家等组成的大中小学思政课学段衔接指导委员会，指导制定《大中小学思政课学段衔接的实施意见》，形成党委领导、学校协作、教师落实的协同机制，为各学段思政课的衔接奠定坚强的组织基础。

3. 建立政府相关管理部门领导的协同机制

统一领导协同机制的建立可以依托各地政府管理部门，根据党和国家的相关政策，发挥政府在推进大中小学思政课学段衔接中的积极作用，建立起学段衔接工作的询问研判机制、审查评判机制，发挥引导带领、培养示范的功能，转变政府职能，实现政府监督管理、学校贯彻实施、教师落地实践的协同机制，确保统一领导协同机制的有序运行。

(三) 建立经费保障、绩效导向机制

大中小学思政课学段衔接的贯彻落实，需要建立经费保障、绩效导向机制，为大中小学思政课教师积极参与学段衔接工作增砖添瓦。

1. 建立经费保障制度

各学校要立足当地实际为学段衔接的大中小学思政课教师设立岗位津贴，并且归入教师绩效工资管理制度。同时各地区的政府部门、各学段的学校要认真贯彻实施党中央的相关文件精神，保障思政课教师的专项经费落实到位，为各学段思政课教师参与大中小学思政课学段衔接的培训费、指导费、办公费、差旅费、交通费等费用提供支持。此外，各学段学校还应该制定相关的奖励经费保障制度，为经常组织评选学段衔接贡献显著奖的相关工作人员提供经费支持，比如评选出学段衔接优秀教师、学段衔接优秀教学设计、学段衔接优秀示范课等奖项进行必要的奖励，在教学任务和时间的安排上还应给予相应的帮助和支持。

2. 建立绩效导向机制

绩效导向机制建立的目的主要是通过绩效评估来提升思政课教师参与大中小学思政课学段衔接的积极性，以此来确保学段衔接工作的有序推进。各学段的学校应该建立学段衔接的思政课教师职称评定聘用的标准和办法，各学段都统一实行单列评审，其中中级和高级职称评审比重应不低于教师的平均水准，并建立公正、公平、合理的量化考核制度标准，将学段衔接工作列入思政课教师学期必须完成的教研计划当中，将每位教师参与学段衔接工作的时间、任务、分工等进行量化，纳入绩效考核，并根据工作量的多少、任务的难易给予相应的补贴。同时，各学段的学校根据其学段特点及具体情况，灵活多变地制定相应绩效考核机制和表彰奖励体系，形成"一学校一政策"。另外，在国家级、省级教学成果奖以及全国优秀教师、模范名师等评选推选活动中，要向在学段衔接工作中做出显著贡献、取得重大成效的思政课教师倾斜，并在评优、评先等方面呈现相应的政策支持，更加注重对学段衔接研究工作开展的鼎力帮助，推进各学段思政课名师工作室建设，为思政课学段衔接工作树立教学标兵等。

总之，一定的经费保障、绩效导向机制能够有效增强思政课教师的参与感，推动大中小学思政课学段衔接工作的高效完成。

二、积极创新沟通机制，为教学衔接提供助力

（一）强化思政课教师的衔接意识

思政课教师承担着培养学生、铸就人才的重要任务，他们是正确思想政治观念与学生之间沟通的桥梁。这就意味着思政课教师自身的素质、能力对学生思想的塑造和行为的养成都有着深刻的影响，思政课教师需要充分发挥这一职业的光和热，为学校的思想政治教育添砖加瓦。这也就对思政课教师提出了更高的要求，要把大中小学思想政治教育积极落到实处，让学生按时、及时、高效地接受思想政治教育，更好地完成好大中小学思想政治教育的使命，必须强化学校思政课教师的衔接意识。

大中小学思想政治教育衔接应该是有层次的，小中大学不同阶段的学生有各自不同时段的身心发展与思想道德认知，学校对学生进行的思想政治教育也应该是连贯的、有层次的，这样才能更好地助力学生的健康成长，并且发挥思

想政治教育的作用，提升教育的效果。

总之，面对衔接存在的问题要积极应对。首先，要加强对思政课教师的职业培训，思政课教师应首先树立教育衔接意识。其次，要加强思想政治教育衔接途径创新，促进大中小学思想政治教育工作衔接。

（二）健全和完善学生成长建档制度

随着社会的进步、技术的不断发展，原有的档案制度已经不能满足新时代教育的需求，而健全、完善的学生成长建档制度，可以为大中小学思想政治教育有机衔接提供实质性的材料支持，助力学生成长各阶段的教育管理。成长档案记录学生的德智体美劳各方面的情况，学生成长建档制度通过材料记录反映各个不同阶段的经历和成长的过程。就思想政治教育而言，完善的学生成长档案制度有利于对学生进行更好的管理，同时也会对学生产生约束和激励作用，并在一定程度上指导自身行为。由于档案是对学生成长过程的较长记录，也就意味着可以克服时间的困难，实现各个阶段的有效衔接，通过档案记录就能更方便快捷地对以往情况进行了解，以便更好地链接前一阶段，做到因材施教。

1. 规范学生成长档案过程管理

要规范学生成长建档制度，形成一套有序完整的制度方案，切实落实制度方案，做好全过程全方位的成长记录。一是健全完善学生信息库，为学生档案能够及时准确地录入做好铺垫；二是形成定期的管理与检查制度，对学生的成长档案进行定期的检查审核，督促学生更好地使用成长档案记录成长经历；三是明确档案记录内容，形成一套内容准确、完整的材料，将个人成长的信息如实地反映在档案中；四是规范档案的留存与保管。

2. 加强档案管理队伍建设

要加强专业、稳定的档案管理队伍建设，加强档案管理队伍的能力、素质方面的专业培训，使其能力更好地服务于学生和学校，服务于国家和社会。专业的档案管理队伍能极大地提升档案管理的工作效率，更大限度地发挥档案工作在思想教育工作中的支持作用。

3. 培养学生的成长建档意识

学生作为学生成长档案的重要主体，必须培养其建立成长档案的意识，充分认识到成长档案的重要性。具体通过讲课、参观活动等形式让学生对成长档案有一个较为完整准确的认识，了解成长档案是其今后发展的重要参考依据，同时也是评价其诚信的重要载体，使其能够重视自己的成长档案。

健全和完善学生成长建档制度可从规范制度、管理队伍、学生主体三方面入手。一是要建立健全相关制度文件，使得档案管理能够在规范的制度下有条不紊地运行；二是管理队伍积极遵循制度进行有序的建档工作，指导学生更好地完成自身的成长建档；三是学生主体要主动作为，在学校、教师的指导下积极做好个人成长档案记录。这不仅有利于学生自身的成长，也可为学校思想政治教育工作的有效衔接增砖添瓦。

三、聚焦教学体系，为教学衔接提供途径

思政课是陪伴大中小学学生成长发展的重要课程，它是一个跨学段、全过程的系统整体，贯穿于每个学段的教育教学当中。针对此，各学段思政课教师应科学规划教学目标，合理编排教学内容，创新教育教学方式，建立健全教学评价体系，将推进大中小学思政课的学段衔接落实着地。

（一）科学规划教学目标

推进大中小学思政课的学段衔接，落实大中小学思政课一体化，其首要任务就是要科学规划教学目标，统筹好"立德树人"总目标和各学段分目标衔接性的关系。然而，多数教师由于不熟悉其他学段思政课的教学目标，导致学段和学段之间教学目标的关联性不强。因此，各学段思政课教师必须进行有效沟通，遵循各学段学生身心发展规律，熟读各学段思政课教材，科学规划教学目标。

1. 遵循学生身心发展规律，科学规划教学目标

每个学段的学生表现出不同的身心发展特点，这就要求大中小学思政课要以学生成长发展的现实情况和学生思想的实际需求，逐渐递升教学目标，前后学段保持一定的关联，实现各学段教学目标的节节升、步步高。具体来看，相对于其他学段来说，小学学段的学生心智不够成熟，尚未形成良好的道德习惯，对该学段的学生，教师要着重培养其辨别是非观念的能力和感知能力；初中学段的学生从轻信他人道德观点逐渐过渡到独立自我评价，已经具备一定的社会道德感，该学段应着重培养其正确的思想认同；高中学段的学生自我评价越来越客观、公正，并追求有意义和有价值的人生目标，该学段应着重培养学

生对党和国家的政治认同；大学学段的学生即将迈入社会，思想较为成熟，并掌握了足够的专业知识和技能，对该学段的学生应着重培养其为国家发展和社会进步的实践担当。总的来说，从培养小学学段学生的感知认同、初中学段的思想认同、高中学段的政治认同再到大学学段的实践认同，每一学段所要达到的培养目标侧重点各有不同，却又相互衔接，大中小学思政课需要理顺各学段教育教学目标之间的关系，做到循序渐进、螺旋上升，培养社会主义事业的建设者和接班人。

2. 熟读各学段思政课教材，精准把握教学目标

大中小学各学段思政课教师既要熟练掌握本学段教材内容，也要熟知其他学段的教材内容，并深刻领会各学段的课程标准和教学大纲，这样才能从整体上精准设计出前后衔接的教学目标。这就要求教师将各学段的思政课统一定位成一门思政课，首先从总体上明确最终要达到的目标，其次将目标细化到各个学段，并在学段的课程设计中落实到课堂和教学当中。例如在教授高中"实现中华民族伟大复兴的中国梦"一课时，教师首先考虑该课在思政课一体化当中的地位，研读各学段课程标准、教学大纲和教材内容对该知识点的要求，明确总体目标，再定位出学段所要达到的分目标，根据分目标设计出教学目标，以此形成由总到分、前后衔接的目标体系。这意味着教师要吃透教材，吃透课程标准。

(二) 创新教育教学方式

教学方式为各学段思政课的有效衔接提供了有效载体和桥梁，是各学段思政课生动阐释的有效途径。因此，思政课教师要根据各学段学生的身心发展规律创新教育教学方式，使其与教学目标、教材内容紧密结合，以此调动学生学习思政课的活力和兴趣，助推学段衔接。

具体来说，小学学段的学生，由于其注意力集中时间较短，且常与兴趣密切相关，因此在该学段进行思政课教学，不宜仅采用讲授法，而应该将理论讲授与活动探究相结合。初中学段的学生形象思维逐步稳定，倾向于教师进行图文并茂的讲解，可采用讲授法、演示法、个人学习与小组学习相结合等多种方法相配合；高中学段的学生由初中学段的形象思维逐步过渡到抽象思维，学理性增强，教师应构建活动型学科课程，注重开展探究式教学活动，引导学生对问题进行深度思考、自主探究，充分发挥学生学习的主体性作用；大学学段的学生，由于已具备较高的文化水平和思想道德水平，有着较强的明辨是非的能

力,并且该阶段思政课的理论更加丰富、逻辑更加严谨,此时教师更应创新教育教学方式,充分吸引该学段学生的注意力,可采用翻转课堂的教学模式,利用小组讨论、专题汇报等方式,并与中学思政课教学方式相衔接,层层递进,激发该学段学生学习思政课的主体活力。

(三)建立健全教学评价体系

建立健全大中小学思政课学段衔接的教学评价体系,是衡量各学段思政课目标实现程度的关键手段,也是检验大中小学思政课一体化建设效果的重要媒介。在现实教学当中,各学段评价体系不一,小学学段更重过程,而较少反映学生对思政课学习的具体情况;初中学段和高中学段由于升学考试的压力,相比小学学段更重结果;大学学段则采用过程性评价和终结性评价相结合的方式,将过程和结果有机结合。如果教学评价体系不健全,评价方式片面化、阶段化,就不利于大中小学思政课的学段衔接,影响学生的全面发展。因此,要建立健全一整套适合各学段学生身心发展特点的教学评价体系,实现各学段思政课在教学评价上的有力衔接。

大中小学各学段应建立一体化的教学评价体系,采用发展性评价,在重视结果的基础上更重过程。对小学学段的学生在注重行为表现的基础上,增加对思政课理论知识掌握程度的考查,如期末成绩将平时的行为表现和期末考试结合起来;初中和高中学段的教师应改变传统的应试思维,在注重考查学生知识点的基础上,着重培养其分析问题和解决问题的能力,考查其平时生活中、课堂上的表现;大学学段的多数教师已采用过程评价和结果评价相结合的方式,但还是较多关注期末考试成绩,较少体现过程评价因素,因而大学学段的教师应提高过程评价在整体考核中的比重。以此,建立起一整套适合各学段学生身心发展的教学评价体系。

四、加强校际联动,为教学衔接提供平台

校与校之间的交流合作是一个非常重要的中间环节,能够为大中小学思政课的学段衔接搭建桥梁。为此,需要构建校际结对计划,推进学段衔接;加强校际项目合作,贯通学段衔接;强化区域文化育人价值,助推学段衔接;采取同课异构教研模式,实施学段衔接,为学段衔接提供平台。

（一）构建校际结对计划，推进教学衔接

为了补齐不同学段的学校之间缺乏共学共研的机制、平台而导致学校之间相互独立、教师之间相互独立这一短板，通过签订共建协议、定期组织参观考察，切实推进大中小学思政课的教学衔接。

1. 签订共建协议，创新实施大中小学结对计划

充分发挥当地高校、研究院所的带头作用，积极与中小学进行共建，签订共建协议，实施大中小学结对计划。通过结对计划建立起各学校之间长期合作的伙伴关系，发挥各自学校的优势，为学段衔接提供共享服务平台，相互借鉴、相互学习，实现资源共享、优势互补。与此同时，高校也要与当地教育主管部门签订长期合作的共建协议，发挥教育主管部门对于大中小学结对计划的重视与领导作用，实现从"校校结对""院校结对"，逐步向"校地结对"推进，实现小学生—中学生—大学生思政课一体化的培养模式，落实立德树人的根本任务，实现高质量发展的目标。

2. 定期组织参观考察，促进实施大中小学结对计划

为了建立大中小学长期合作的伙伴关系，促进实施大中小学结对计划，各学校要定期组织思政课教师之间互换岗位、学生之间参观考察，拉近学校之间的距离。一方面，定期组织思政课教师互换岗位，以体验不同学段思政课的主要差别和断层，以更好地了解和研制出各学段学生所喜爱的精品系列思政课，推进大中小学实施结队计划；另一方面，定期组织学生之间参观考察，邀请各学段的学生开展思政课的学习研讨活动和校园实践活动，与不同学段的学生共同学习思政课，激发与培养跨学段学生学习思政课的浓厚兴趣，寻求学段衔接结合点，推进实施大中小学结队计划。

（二）加强校际项目合作，贯通教学衔接

大中小学以项目合作贯通学段，围绕共同课题联合攻关，不仅能够聚焦专题研究的高端人才，调动思政课教师对学段衔接研究的积极性，切入学段衔接点，探索一体化教学模式，同时还可以综合提升思政课教师的教学能力和科研水平，助力各学段思政课的衔接。

1. 以专题研究聚焦高端人才，助推校际合作

大中小学各学校可以联合走访，通过深入调查不同学段教学中出现的阻碍学段衔接的短板，聚焦学段衔接相关的课题研究方向，创建"大中小学思政课学段衔接"专题研究团队，借助专题研究集聚学段衔接高端人才，整合校际思政课的研究力量，协调推进学段衔接建设，真正落实思政课学段衔接的重点项目工程。同时，依托当地高等院校、研究院所、教育研究基地等，举办跨学段思政课教学的学术会议和经验分享沙龙，探索一体化教育教学，总结经验，提炼模式，收集经典优秀案例，实现可复制、可推广，从而为各个学段思政课的有序衔接献计献策。

2. 以基金项目推进课题研究，加强校际合作

各学校参与共建大中小学思政课"一校一政策"的实施方案，成立"大手牵小手"结对共建、名教师工作室、老中青帮扶等项目。在申请基金项目时，有效借助高校在这方面的优势。相对于中小学来说，高校在科研水平、科研项目申请、科研基金申请、科研基金名目的划分等方面更具有发言权，因而中小学联合高校更能够申请到国家级、省级相关项目，从而围绕大中小学思政课学段衔接的相关课题展开调查研究，联合攻关。需要注意的是，由于中小学申请基金项目的经验不足，高校要帮助中小学建立项目申报与管理的相关机制，协助中小学拟定申请制度、申请时间以及申请要求等，明确基金项目是大中小学各个学段共同建立与完成的，后期取得的成果应该由参与学校共同获得，并且参与基金项目的思政课教师和学生获得的优异成绩可作为某些奖项纳入职称评定的要求和升学的加分选项。

(三) 强化区域文化育人价值，助推教学衔接

区域文化具有地方特色，不同地区在传达某种精神的主体、形式、事例上各有不同，但其传达的精神实质却是相通的。因此，可以利用区域文化贯通学段，强化区域文化育人价值，挖掘适合教学衔接的区域文化精神，打造助推教学衔接的区域文化载体，形成一校一特色，创建地方特色品牌，助推教学衔接。

1. 挖掘适合学段衔接的区域文化精神

由于区域文化为本地区各学段的学生所熟知，容易让学生产生亲切感，引

起学生学习思政课的兴趣。但要注意,区域文化具有多样性,什么样的区域文化能够促进大中小学思政课的学段衔接,对此问题的探究,需要成立专门的教研平台,集聚大中小学思政课教师,深度挖掘适合学段衔接的区域文化精神,这势必要加强学校之间的沟通合作。学校之间根据挖掘的区域文化精神优化教学内容,使各学段形成一以贯之的教学体系,并根据不同学段、不同课程目标的要求逐步讲解区域文化中所蕴含的精神。比如,小学学段讲解文化故事,注意启蒙教育;中学学段讲解故事所发生的历史背景,注重价值观的引导;大学学段讲解文化故事背后蕴含的理论基础、逻辑思想,注重情感认同。同样的区域文化、同样的精神,能够加强各个学段间的沟通联系,针对各学段学生的认知特点和精神需求逐步深入地讲解,形成"一体化"精神图谱,整体上引导各学段的学生。

2. 打造助推学段衔接的区域文化载体

区域文化遗留下很多物质形式的名人故舍、博物馆、纪念馆等,这些物质形式的区域文化,可以通过打造成为助推大中小学思政课学段衔接的区域文化载体,如创建"一体化"讲习基地,为学校和学校之间的合作搭建桥梁。各个学段的学校在"一体化"教学基地,围绕同一主题展开不同学段的实践教学,分别组织或同时组织学生进行参观,分层次进行讲解,直观感受感人的历史故事和真实存在的历史事件,使学生从"参观者"变成"经历者",发挥学生对于家乡地域文化的情感认同,让大中小学学生都能够在地域文化的熏陶下感受到家国情怀和传达的精神品质。综合而言,打造地域文化载体,既能够为传承区域文化精神提供一个中介,发挥思政课的育人作用,又能够为学校、教师、学生之间的沟通与合作搭建一座桥梁,切实保障各学段思政课的衔接。

(四)采取同课异构教研模式,实施教学衔接

大中小学思政课的学段衔接并不意味着各个学段在学习内容上不能简单重复,而是要依据各个学段学生的年龄特点和知识接受水平来呈现不同层次、不同深度的内容体系。针对同一教学内容,围绕相同主题进行"同课异构",让学生每次见到"知识点",都能够重新调整知识脉络,深化学习,推动知识点进入脑海、走进心中。

1. 建设思政课必修课程,做好不同学段同一教学内容的"同课异构"

目前,我国教材的编写基本上已经解决了同一教学内容的进阶问题,因而

现阶段教学重点是在实际教学中,对同一教学内容进行不同深度的讲解,体现同一教学主题的阶段性和层次性,实现教学上的进阶。例如,以"立德铸魂 红心向党"为主题,庆祝中国共产党成立一百周年,大中小学不同学段进行"同课异构"。需要明确的是,在进行"同课异构"之前,各学段的思政课教师需要提前分析本课的教学目标,列举教学方法策略,阐释教学环节,让上下游学段的教师能够明晰自己所在学段教学目标、教学内容等的定位,以此避免教学内容的重复。

2. 开设"中国系列"课程,围绕不同教学内容同一主题进行"同课异构"

以习近平新时代中国特色社会主义思想为核心内容,围绕不同教学内容同一主题进行"同课异构"。比如,围绕"领会新思想,共筑中国梦"这一主题,开展大中小学"同课异构"。其中,小学学段以"我有一个梦想"为主题进行教学,引导小学生畅谈自己的个人梦想,进而学习中国梦,在小学生的心中种下"中国梦"的种子;中学学段以"我们都是追梦人"为主题进行教学,围绕"寻梦、知梦、圆梦"的逻辑理路展开讲解,学习我国一代代英雄人物踏上的寻梦之旅,引导学生一步步地知梦,进而为圆梦努力奋斗,并在小学学段的基础上增强认同感、责任感;大学学段以"中国走近世界舞台中央的宣言书"为主题进行教学,围绕"新时代、新征程、新梦想"的逻辑理路,从新时代的历史方位、我国发生的新变化、取得的伟大新成就三个方面进行讲解,让学生深入认识新时代,胸怀大梦想,激励当代大学生为实现梦想勇担时代责任。以"同课异构"贯通学段,各个学段围绕同一主题展开不同的思政课教学,思政课教师需要针对本学段学生的特点讲解不同程度的教学内容,从不同角度、不同深度展开讲授,以此取得不同的成效。

第四章　大中小学思政课一体化下教师队伍建设

随着时代的进步和教育理念的不断更新，大中小学思政课一体化已成为当前教育改革的热点之一。在这一背景下，教师队伍的建设与发展显得尤为重要。下面将探讨在大中小学思政课一体化框架下，如何构建一支高素质、专业化的教师队伍，以推动思想政治教育的深入发展。

第一节　教师队伍建设相关内容

在我国教育体系中，大中小学思政课一体化下教师队伍建设是一项至关重要的任务。教师不仅是传播知识的重要角色，更是塑造学生价值观、培养社会主义建设者和接班人的关键力量。下面将从大中小学思政课一体化下教师队伍建设概念与特征、角色定位以及必要性等方面进行深入探讨。

一、教师队伍建设的概念与特征

（一）教师队伍建设的概念

上好思政课要求做好三个学段的有效联系，而这种有效联系的关键就在于教师队伍怎样搞好学段间的衔接。大中小学思政课一体化下教师队伍建设是搞好新时代高质量思政课的关键，对全面贯彻党的教育方针，解决好"培养什么人、怎样培养人、为谁培养人"发挥着重要作用。因此，思政课教师承担着重要的责任和义务，从某一层面来说，他们决定着思政课发展质量的高低，以及促进各学段衔接工作的顺利推进都有着很大的作用。

大中小学思政课一体化下教师队伍建设就是指，大中小学思政课教师通过不断提升自身专业能力和素养，以提升教师队伍的整体水平为核心，以建立健全相关机制为保障，加强与各学段教师在思政课教学方面的交流与沟通，按照新时代对思政课教师提出的新标准和新要求，有目的、有计划地做好思政课教学，实现大中小学各学段横向和纵向的衔接。

(二) 教师队伍建设的特征

1. 主体性

思政课教师是思想政治教育活动的实施者，主体性是其主要特征。大中小学思政课教师的主体性表现为主动性、主导性、创造性和超越性：主动性是指思政课教师按思政课一体化要求，主动树立起各学段思政课的衔接意识，并积极做好思政课的衔接工作；主导性是指思政课教师在思政课一体化建设中占据着主动优势，并充分显示出的主导地位；创造性是指在思政课教师在各个学段的思政课教学中不断探索和创新大中小学思政课的衔接内容和方式；超越性是指思政课教师既要立足于各学段思政课教学取得的良好成果的现实，又要从各学段思政课相互独立的实际情况出发，超越现有情况，不断提高大中小学思政课衔接的有效性。

总之，只有思政课教师具有主体性，积极、主动开展思想政治教育活动，大中小学思政课一体化建设工作才能更好地推进。

2. 客体性

在思政教育工作过程中，思政课教师不完全是占据主动地位的一方，还具有客体性。首先，思想政治教育工作会受学生主观和环境客观的双重影响。在教学活动中，由于各学段的学生具有明显的差异性，制约着思政课教师的教育活动，教师应根据不同学段学生的特征，实施符合各阶段学生的教学内容，提高思政课的实效性。同时，思政课教师的教学活动还受复杂的外界环境的影响。其次，思政课教师在一定条件下是学生认识的"客体"。学生作为有思想、有情感、有判断、有选择能力的人，在学习过程中也在对教学内容进行判断、筛选和再创造，并对教师在教学过程中的言行进行评价，进而决定对其接受还是拒绝，所以在某种意义上来说，思政课教师就成了学生认识和作用的"客体"。最后，思政课教师在进行自我认识时，是自我认识的"客体"。思政课教师为了能够更好地促进思政课一体化建设，要从自身出发，不断努力地提升自己的素质，通过自我调整，能动地认识和完善自己。

二、大中小学思政课教师的角色定位

(一) 道德情操的坚守者

教师是一项以促进学生精神成长和教授学生知识为中心的职业。教师职业的基本特征是德性品格的交流与融合,可以这样说,教育的实践就是一种德性的实践,如果没有教师的德性基础,教育行为就成了物化的、机械的知识的授受行为,内在的灵魂就失去了。思政课教师作为教师队伍中的一员,同样起着至关重要的作用,他们作为道德情操的坚守者,最为直接的体现就是为人师表。

首先,为人师表对思政课教师来说也是一种严格的自律,在自身坚守道德情操的前提下,做出示范与榜样。倘若大中小学思政课教师能通过极强的个人道德魅力、政治素养、优秀品格引领与带动学生,那么在这种学生与教师通过长期进行互动相处来完成的潜移默化式教育下,有利于学生性格的塑造。

其次,为人师表是对思政课教师最基本的道德要求。现代社会,人们把教师誉为勤劳的园丁,既是对他们教书育人丰硕成果的高度赞许,更是对他们为人师表的充分肯定。为人师表蕴含真善美。

1. 为人师表里蕴含真

"真",就是诚实守信,正直公平,言行一致,表里如一。身为教师,最基本的德性乃是自己要求"真",进而激励学生求"真"与学做真人。

第一,诚实守信,正直公平。伟大人格的素质最重要的就是"诚"字,肩负重任的教师必须具备的基本条件之一就是"诚实"。自己本身没有的东西,是无法给予别人的。教师的所有言行对学生来说都是一本无字的教科书,什么虚伪的假象都无法逃过学生的眼睛。那种表演出来的所谓"榜样",在被学生识破后,可能会造成恶劣的影响。身为教师在为人处世上必须做到"贵诚实,守信义";在传授知识时,必须做到"知之为知之,不知为不知",使自己成为最好的"诚信教科书"。教师人格的脊梁是公平正直,一个无法做到对人对事正直公平的教师是无法赢得学生的尊敬的,也很难成为一个真正的教师。正直公平,就要求教师处处能以事情本身的是非曲直来决定自己的态度和方式,要求教师要疾恶如仇,敢于与一些不法不公现象作斗争,如能公平处理成绩优秀学生与成绩落后学生的矛盾,对待不同层次的学生能够一视同仁;不接受家长的宴请与礼物,更不会向家长索取财物,敢于与腐败现象作斗争;等等。总之,教师做到正直公平,就可以为学生为人处世树立标杆,从而培养出一批又一批正直公平的人。

第二,言行一致,表里如一。教师"言必信,行必果",学生就会从中知晓如何做人。言而无信,行而无果,装腔作势,弄虚作假,不仅会使学生失去信任,而且会使他们对教师的教育甚至可能是所有的教育产生怀疑,因为它虚假不实。在教育中,不管什么方法上的不当,都没有比教师自身言行不一更糟糕的了。教书育人,要求教师必须以言行一致、表里如一的德行影响学生,学生诚实的品格需要教师用真实的言行来熏陶。

2. 为人师表里包含善

作为一种人格道德示范,教师为人师表不仅蕴含着真,同时包含着高尚的"善":那就是把促进学生的健全发展当作自我职业人生的目的,并无私无悔地为之奉献;同时,善待、关爱、帮助每一个学生,让教育的和煦阳光照到每一个角落。

第一,把促进学生的健全发展作为自我职业人生的根本目的。教师对全体学生的全面发展要担负起责任,不仅关怀学生的现实人生,对学生一生的成长与发展也要关心;不仅关心学生的认知性素质发展,对学生情感性素质的发育与成长也要关心;不仅在某一阶段关注学生的健全发展,更是要把对其健全发展负责贯穿自己的职业人生。这可充分地体现教师"落红不是无情物,化作春泥更护花"的献身精神,也是高尚的"善"的体现。

第二,有教无类,爱生如一。有教无类,最早倡行于孔子。尽最大努力让更多的学生成"良材"就是教师主要的任务。教师不但对美天鹅要爱,对丑小鸭也要爱。"有教无类",爱生如一既是实现教育目标的必然要求,而且也集中地反映了师爱的广泛性和高尚性,反映了教师向善的品德。

第三,资贫助学,嘘寒问暖。这也是一种师爱的表现,一种善的实践,它真实地传递了教书育人的真谛。在现实生活中,不少教师在自己工资微薄,生活清贫的情况下,常常主动资助贫困学生,在学习和生活上给予诸多关照,表现了教师高尚、淳厚的品德。

3. 为人师表里体现美

教育是一门极高的艺术,美是艺术的重要表现。作为教师德性的基本内涵、教师职业道德的基本要求,为人师表必然体现着美。这个"美"是内在美与外在美的和谐统一。

第一，行为美。行为美的最重要标志是行为端庄、守法遵纪。要把学生培养成为有用的人才，教师本身就应成为行为合宜、守法、护法的典范，并且教师举止大方、优雅，行为得体，本身就传递出丰富的教育意蕴。

第二，语言美。语言的优美包含着重要的教育契机。语言的优美往往反映着教师良好的知识素养与思想情操。教师修心于内，秀言于外，可给学生以美的感染力及良好的话语示范。

第三，仪表美。仪表包括衣着、发式、举止、姿态等。教师的仪表是一种无言的教育方式，有着特殊的教育意义。教师仪表美的标准是整洁、大方、端庄。

（二）立德树人的践行者

立德树人既是对中华教育传统的继承与弘扬，也是对当今教育现实的关注与回应。"培养什么人，怎样培养人"以及"立什么德、树什么人，如何立德树人"，这是当代教育发展的根本任务。思政课作为立德树人的关键课程，起着至关重要的作用，同时思政课教师也就成为立德树人的践行者，具体需要做到以下几点。

1. 德育为先

思政课教师应充分了解思想政治教育对于学生的重要性与复杂性，并需要时刻牢记青少年思想政治教育的关键性任务就是通过注重基本思想道德素质的培养，树立学生正确的世界观、人生观、价值观，健全学生的人格，使其成为知行合一、守法遵纪的良好公民。同时，由于当前国内的思想政治教育应体现实效性与时效性，认识决定思维，思路决定出路，因此要切实增强学生思想政治教育的实效性，必须牢牢把握思想政治教育在大中小学立德树人中的突出地位。

2. 突出教学

振兴科技，关键在教育；振兴教育，关键在教师。教学工作是高校培养人才的主渠道、主环节，而教师是教学工作的主体，是教学工作的具体实施者，教学质量的高低与教师的精力投入、教学水平的高低密切相关。为了进一步提高教育教学质量，大中小学思政课教师应努力做到以下几点：

第一，要把主要精力集中在教学上。教师以育人为天职，教学工作的好坏是衡量教师工作的主要标准。以教学为中心，是对全体教职工而言的，但教师更要以教学为中心，把主要精力投入人才培养和教学工作中，认真备课，潜心教学。

第二，努力提高教学水平。要提高教学水平，教师首先要努力学习，刻苦钻研业务，扩大自己的知识面；要积极开展教学研究、科学研究，重视教学内容和方法的改革。功夫不负有心人，只要下功夫，水平一定会提高。

第三，要端正教风，以教风促学风。教风正，学风才能正。教师不仅要教书，更要育人，要以自己优良的教风带动学风。首先，严格遵循教学规范，严肃认真地对待每一个教学环节。其次，要教育引导学生，对学生中的不良倾向要敢于批评、教育，不能听之任之，要积极配合管理人员共同做好学生思想政治工作，提高学生文明素养。

（三）思政教学的改革者

深化改革，强化管理，努力提高人才培养质量，是每一位思政课教师义不容辞的责任。

第一，不同教学阶段的思政课教师应优化传统教学理念，正确解读教育大纲。在落实教育实践课程的过程中，应注重教师的教育实习和教育见习的过程。大中小学思政课教师都要结合本职工作，深入学习教育理论，研究教学规律，努力增强工作的预见性、科学性；同时要及时更新、转变教育思想观念，开拓创新，积极参与教学改革。

第二，要通过广泛深入的学习讨论，树立正确的"三观"。一是要树立正确的人才观，注重对学生的创新精神、实践与创新能力的培养；二是要树立正确的质量观，立足培养目标和办学特色；三是要树立正确的教学观，打破"重知识传授、轻能力培养"的教学系统和教学模式，充分发挥学生的个性，因材施教，培养创新型人才。

第三，大力推进教学内容和课程体系、教学方法和手段改革。教学内容和课程体系问题要注重现代教育技术的推广运用，要充分利用互联网、校园网和多媒体教学手段，积极探索新的教学模式，运用现代教育手段和信息资源，改革传统的教学手段和实验手段；同时拓展教学时空，将学生学习的时间和空间由课堂延伸到课外，努力提高教育质量。

第二节 教师队伍建设现状

随着思政课程改革的不断推进,对思政课教师队伍建设的要求也在逐步提高。下面就大中小学思政课一体化下教师队伍建设存在的问题及问题产生的原因加以剖析。

一、教师队伍建设存在的问题

(一)各学段思政课教师对思政课程的衔接意识不强

要实现大中小学思政课一体化,思政课教师首先要树立一体化意识,思政课教师的衔接观念和意识直接决定着思政课一体化建设的效果和质量。但现在各阶段的一些思政课教师的衔接意识比较淡薄,对于思政课的衔接缺乏主动性。具体问题如下:

一方面,一些思政课教师对各阶段学生的认知发展和身心发展的衔接意识不强。思想政治理论课成功与否的一个重要指标在于,教师能否站在较高的位置看问题,是否能立足于现在、回顾历史问题、面向未来前景,实现学生思想道德修养的可持续发展,为学生的长远发展做好铺垫。然而,一些教师没有充分考虑各阶段学生的现实情况,例如,对于刚进入初中或者高中的学生,一味地进行理论知识的讲授,没有考虑学生是否能够接受新一阶段的学习,导致学生对新一阶段的知识很难理解。另一方面,不少思政课教师对各学段的教学情况不了解,也缺乏主动学习了解的意识。在教学内容上,通常是学校安排什么课程,教师就讲授什么内容,局限于本阶段的教学,没有关注其他学段的教材,无法及时解决前一学段存在的问题,使思政课处于"断层式"教学,没有突出思政课教学的连贯性。

(二)各学段思政课教师队伍结构不合理

数量足够、结构合理的教师队伍既是满足思政课教学的前提,也是完成思想政治教育育人使命的关键一环。当前,思政课教师队伍结构不够合理和优化的问题较为突出,主要表现为:思政课在职教师的数量较少,专职教师和兼职教师在数量和比例上不合理等。

首先，思政课教师数量不足。在实际教学中，很多中小学，特别是农村的中小学，思政课教师在学校受到的重视程度不够，学校没有按照学生比例招聘思政课教师，而是让较少的思政课教师担任多个班级的思政课，导致思政课教师教学工作量增加；或让其他学科的教师担任思政课，有的甚至是由学科跨度比较大的教师担任。这样既使学生无法接受到专业的思政课知识，学习成效不明显，也使教师的备课量增大，上课质量得不到保证。在大学阶段，由于现在很多大学进行扩招，大学生数量不断增加，班级规模也随之扩大，无法达到思政课小班制教学，大大降低了思政课教学质量。总之，目前思政课教师队伍数量无法满足思政课实际教学的需要，现有教师的工作量加大，不利于思政课教师职业的个性化发展。

其次，思政课教师队伍结构不够优化。从现有情况来看，各学段的思政课专职教师缺乏，部分学校通过临时聘用思政课代课教师解决思政课教师不足的问题。特别是在大学阶段，由于思政课教师的准入门槛较高，短期内难以配齐相应数量的专职教师。

（三）各学段思政课教师之间有效的交流互动不足

要提升思政课教学质量，加强大中小学思政课教师之间的联系是非常重要的。实际上，不同学段教师间的交流与互动，能够帮助思政课教师从整体上把握不同学段学生特点以及思政课教学体系与规律，从而促进各阶段的衔接。但当前思政课教师之间的交流互动仍然有所欠缺，特别是不同学段教师之间的交流互动明显不足。

首先，对不同学段学生发展状况的交流不足。不同学段学生的认知发展是不同的，对知识的理解和接受能力也不一样，但部分思政课教师却忽略了学生发展状况的阶段性特征，没有根据学生实际实施相应的、符合学生发展的教学内容。这样就不能在每一阶段充分发挥思政课的育人功能，难以达到更好的教学效果。

其次，对不同学段思政课教学的交流不足。思政课贯穿于学生的整个学习阶段，但每一阶段的教学是不同的。中小学阶段，很多教师以提高学生成绩和升学率为目标，按部就班地按教材实施教学内容；大学阶段，部分教师认为按课时教学，学生达到及格率就实现了教学目标。此外，教师间的交流主要集中在同地区、同学段、同学校之间的交流，而对于不同地区、不同学校，特别是不同学段的交流较少，关于如何从教学上促进思政课一体化也没有展开讨论，整体上影响了思政课一体化建设。

最后，不同学段间交流方式单一。形式多样的交流方式可以提升思政课教师交流的积极性和主动性。虽然每年举办的关于思政课教学的学术研讨会较多，但大多是固定在某一学段的线下交流，且主要是思想政治教育界的相关专家讲、教师听，教师没有真正参与到交流讨论中去，交流形式比较单一。同时，线下的交流方式受时间和空间的限制较大，不利于不同地区、不同学段的思政课教师进行交流。总的来说，大中小学各阶段的思政课教师交流的活动较少且形式过于单一。

（四）各学段思政课教师队伍建设的保障机制不健全

健全的保障机制是思政课教师队伍建设的重要保障。在各学段思政课教师队伍建设中，通过建立健全相关的保障机制，不仅可以加强思政课教师的精神和物质保障，还对提高思政课教师的教学兴趣、推进思政课衔接工作具有重要意义。但就目前情况来看，在加强建设思政课教师队伍过程中，相关的保障机制尚不健全，还有待完善。

第一，教学研讨机制不健全。教学研讨可以更好地提升思政课教学效果，有利于思政课教学的不断革新，但在实际教学过程中教学研讨机制仍不够完善，很多研讨会仅局限于各自的学校或者是同类型、同层次的学校，在不同学段的学校之间还缺乏相关的集中研讨。这就造成了各学段教师对其他学段不熟悉、不清楚的问题，不能很好地做好各学段的思政课教学工作，影响了大中小学思政课一体化建设进程。

第二，教学资源共享机制不健全。思政课教学资源在各学段教师间的平衡和共享，是全面提升各学段思政课教师教学水平，加快推进大中小学思政课均衡发展的重要手段。通过教学资源的互通有无，可以帮助思政课教师整合教学资源，实现思政课教学的理论创新和实践变革。但从目前情况来看，很多教师只关注本学段的教学资源，学段之间少有衔接；从全国范围来看，由于受地域的影响，教学资源存在明显差异且缺少教学资源的交流与共享。

第三，一体化备课机制不健全。在实际教学中，思政课教师在备课时相互独立。从横向来看，部分学校没有组织统一的备课活动，部分教师只根据自己的教学进度备课，与同学段教师之间没有进行备课交流；从纵向来看，不同学段思政课教师之间缺乏集体备课机制，不能了解其他学段的教学目标和教学内容，可能出现教学内容上的重复，不利于教师从整体上把握思政课的教学目标和内容。此外，一些思政课教师的备课形式较为单一，更多集中于线下备课，备课形式不够灵活，影响了思政课的教学效果。

第四,教师激励机制不健全。多元化的激励机制可以激发思政课教师的发展动力,充分发挥思政课教师队伍的"最优合力"。然而,部分中小学片面追求学生考试分数和升学率,部分高校只看重教师科研绩效,对教师的教学过程和教学效果不看重,相关物质激励措施不到位,导致教师不仅面临着较大的升学和科研压力,还会打击教师的教学积极性,使其忽视思政课教学过程,影响学生学习思政课的体验感;同时,各学校还缺少对思政课教师的精神情感激励,让思政课教师对思政课缺乏教学兴趣,甚至有的教师会放弃思政课教学工作,导致后续一系列问题的出现。

二、教师队伍建设存在问题的原因

(一)教师忽略学生身心发展特点

尽管我国一直倡导发展素质教育,但在实际教育工作中,受中高考的影响,一些教师只重视成绩和升学率,而忽视过程的现象仍然盛行。实际上,思政课一体化建设工作与素质教育是相向的,其价值定位是促进每个阶段、每个学生的全面发展。

首先,受应试教育体制影响,一些思政课教师的教学目的是以提高学生成绩为主。我国的素质教育在一定程度上取得了较大进步和成效,但现阶段,部分教师仍然不注重学生的整体性发展,高度重视课本理论知识的灌输,以考试大纲作为教学的指挥棒,实行考什么就教什么的教学模式,不遵循学生身心发展规律来践行素质教育理念。这样的教学理念违背了思政课教学的育人规律,违背了学生认知和身心发展规律,不注重学生发展的阶段性和连续性,缺少对其他学段学生的关注,影响了思政课教学的连贯性,不利于大中小学思政课一体化建设。

其次,应试教育体制下,很多学校考核教师的标准是学生的考试成绩。在这种评价机制下,教师只能把大部分时间和精力放在教育教学工作上,工作重心改为如何提高本学段学生升学率和学生考试成绩上,没有真正考虑学生需要什么样的教育。

(二)课程教学相互独立

长期以来,大中小学各学段的思政课教学保持着相互独立的状态,各学段在教学目标、教学内容、教材体系的设置上各有侧重,导致各阶段思政课教师专注于自己学段的教学，存在各自为政的现象。而思政课对学生的一生起着重要作用，是一门需要一直学习的课程，需要在课程上体现连贯性，这样才能促进思政课一体化建设，有利于思政课全程育人目标的实现和思政课内涵式发展的推进。

第一，教学目标相互独立。教学目标是为达到教学任务，根据学生需求与学生可接受能力而设置的课程目标、课程内容，不同学段明确规定了各学段的教学目标，且各学段教学目标各有侧重。其中，小学侧重于激发学生学习思政课的兴趣；初中侧重于培养学生学习知识的能力，并在此过程中引导学生树立正确的"三观"；高中侧重于加强学生理论知识；大学阶段侧重于加强学生科研能力和自学能力，并可以将此运用于社会生活中。由于各阶段教学目标各有侧重，所以有些思政课教师认为各阶段的思政课是相互独立的，只研究本阶段教材和教学目标。

第二，教学内容相互独立。课程体系的一体化是较为全面的，而思政课程一体化建设首先在于课程体系是否一体化。从纵向来看，大中小学思政课的课程内容是具有渐进性和衔接性的，各阶段之间是相互联系、相互递进的。小学《道德与法治》的教学内容是更多的是学生身边的人和事，让学生熟悉周围的环境，正确认识社会和自然，从而更好地生活；初中《道德与法治》教学内容包括多个方面，引导学生正确认识身边事物、集体、社会和国家，明确道德要求，将道德教育与法治教育有机结合，突出法治教育；高中《思想政治》教学内容主要是一些简单的理论知识，学生通过学习进行考试，培养学生学习理论知识的能力。就现在情况而言，各学段教师独立设置课程内容，课程阶段性太强，整体性较弱，使得大中小学思政课教学内容梯度不明显，缺乏一以贯之的系统安排。

第三，教学方法相互独立。在教学中，教学方法的使用是随教学内容而定的。内容总是方法化的，方法总是一定内容的方法——说明教学方法受特定内容的课程制约。教学方法不是一成不变的，而是随着课程内容不断变化的，但由于很多思政课教师将各学段的思政课看作独立的阶段，独立设置教学内容，并使用单一的教学方法，没有根据各学段的教学情况而选择相应的、适合学生的教学方法。特别是在中学阶段，一些教师上课以使用讲授法、演示法、讨论法为主，目的是教会学生如何考试。教学内容的侧重点不同，所以教师的教学方法也缺乏衔接性。思政课作为一门知识性学科课程，虽然课堂教学是思政课教学的主要形式，但也绝不是唯一形式，思政课也需根据学段特点，既要"走出课堂"，也要"走进社会"，将课内与课外活动相结合。教学方法应该是层层递进、逐渐深入的，但目前各学段教师仍局限于自己学段的教学。

(三) 教育管理部门的重视不足

在各级教育管理部门的努力下，我国思想政治教育工作有序开展，思政课教学也取得了较好的成绩。但教育部门主要还是从宏观的角度把握思政课的整体走向，对于大中小学各阶段思政课的衔接工作还没有细化，对思政课一体化建设的相关工作还不够重视，没有为大中小学思政课教师提供广阔的可操作空间，影响了思政课教师队伍建设工作。

首先，相关工作机制不完善，未形成完善系统的教师研讨、集体备课、资源共享机制。在教学过程中，各阶段的教师之间是紧密联系的有机整体，需要加强各阶段教师之间的联系，这就需要各级教育管理部门相互配合、形成合力才能建立并完善相关机制，从而有序推进思政课教师队伍的发展。教育管理部门在贯彻落实中央精神中建立了一系列的体制机制促进和保障思政课建设，但目前关于跨学段的教师研讨、集体备课机制还没有得到完善，各阶段思政课教师之间缺少交流互动的空间，不利于教师了解其他学段的教学情况，导致思政课教师不能提升思政课大局意识。在相关激励和保障机制方面，各级部门对各学段学校的激励规定不明确，对思政课教师队伍建设的经费投入还不够，使学校对思政课教师的科研激励过多或教学激励不足，也使学校开展各种跨学段的教学和实践活动较为困难，导致教师参加跨学段的教学活动少或者不能参加，就使得教师缺少与其他学段教师交流互鉴的机会，缺少提升自己教学能力的发展空间。

其次，各级教育行政主管部门没有明确分管领导和科室统筹负责思政课教师队伍建设工作。由于各阶段教育所属的管理部门不同，因而对大中小学思政课教师队伍的管理体系也较为繁杂，忽略了各阶段思政课教师的管理工作。而思政课衔接工作需要相互配合才能提高工作质量，其中教育管理部门作为国家教育工作的管理者和执行者，对思政课教师队伍建设工作发挥着重要作用，它通过制定相应的措施推进教师教学工作的开展，进而从整体上推进思政课教师工作。就现阶段的情况来看，由于各级教育部门对跨学段的思政课教师队伍管理工作没有明确的划分，再加上每一级部门的管理要求和执行方式各有不同，导致很难从管理角度上形成合力，关于思政课教师队伍的阶段性工作难以展开，不利于思政课教师队伍的一体化发展。

第三节 教师队伍建设实践路径

针对大中小学思政课教师专业化问题、衔接性问题、缺乏沟通以及评价体系不统一的问题，应加强统一领导，从宏观层面给予支持性政策，同时完善思政课教师队伍一体化所需的后勤保障，打通区域间隔，增强各学段思政课教师沟通渠道，通过激励性措施，唤起各学段思政课教师队伍的一体化意识，制定统一标准统筹进行。

一、转变教师队伍教育理念

思政课一体化建设是新时期思政课改革的重大创新。对此，思政课教师需要及时更新教育理念，积极转变教学方式，营造合作、民主、开放的思政课一体化教学氛围。同时，还需要积极关注学生的学习过程、态度和价值观等方面的发展，注重挖掘不同学段学生的内在潜力，尊重不同学段学生所具有的特点，重视学生学习，改进教学方法，循序渐进开好思政大课。

（一）重视教学研究，深化以研促教

在思政课一体化发展的过程中，加强思政课教师队伍建设，提升思政课教师教学研究能力十分必要。这也是提高思政课系统性、科学性的重要途径。针对此，思政课教师要积极转变以往的思维定式，不能简单地将教师的工作与教学画等号，日复一日地重复着教学的内容与形式，同时也不能错误地认为做好教学工作就完成了一名思政课教师的任务和职责。相应地，思政课教师的观念要跟得上时代发展的要求，既要清楚地认识到教学研究是一名思政课教师本职工作的一部分，且还是比较重要的一部分，也要正确地处理好教学与教学研究之间的关系。教学与教学研究紧密联系、相辅相成，教学活动为教学研究提供研究方向和素材，教学研究有利于进一步提升教学活动的质量和成效。因此，通过教学研讨，教师才能明确学生喜欢什么、需要什么以及以后自己需要多加改进的地方，根据新课程改革的要求和学生自身发展的需要，结合学生反馈的问题，将学生在课堂中提出的问题作为启迪课堂智慧的抓手，整合教材，统筹教学内容，提高课堂实效。

要想重塑思想政治教育新生态，使议题式教学落地生根就需要思政课教师改变原有教育思想，掌握和提升符合议题式教学的专业教育能力。其中"议题式"教学方法就是在改变传统的教育思想下，通过教学研究提出来的新思路，对提升教学效果有着重要的推动作用。首先，重视教学研究，深化以研促教就是要求教师要多关注生活中的细节，充分尊重学生的主体地位和思维认知规律，要善于多方面启发引导学生，可以通过让学生关注民生，提升思维品质，潜移默化提高人文学科素养等。其次，思政课教学评价不仅可以为大中小学思政课教师进行教学反思提供重要参考，还可以为教学研究开辟方向，寻找目标。同时，思政课教师的教学研究成果又是融入课堂教学、实践教学的重要教学资源。最后，思政课教师要在一体化建设背景下处理好教学与教学研究两者之间的关系，即要求研究要紧扣课程教学，从课程教学的具体问题着手，把理论与实践紧密结合起来，深化对大中小学思政课教学问题的认识，提高思政课教学的水平。

（二）贯彻课改理念，正视学生本位

思政课一体化的发展理念，就是立足于学生的成长规律和认知规律，并结合思想政治教育教学规律，通过整合不同学段思政课的育人资源，加强统筹管理、系统优化，使思政课更能满足时代所需和学生所需，并且根据不同学段学生表现出来的不同特点，有针对性地开展教学活动。在这个过程中，我们要分清楚主体是谁，要把握住重点。很明显，学生是受教育者，即学生为教学主体，因而我们就要把关注点放在学生身上，一切都要充分考虑学生的自身实际，有针对性地实施教学。因此，在思政课一体化发展过程中，教师队伍建设的实施策略研究必须始终围绕学生展开，坚持以学生为中心。

首先，各个学段的思政课教师都要处理好与学生之间的关系，多跟学生进行亲切的交流，多关注学生的日常生活和学习状况，多了解学生的思想变化和内心想法。因为只有充分了解学生，才能更好地因材施教，提高思政课的教育成效和质量。其次，思政课教师要学会发挥学生的主体作用。在日常教学活动中要调动学生参与课堂的积极性和主动性，学会转换课堂角色，学会营造轻松、活泼的课堂环境，在给予学生必要的指导下，加强课堂互动、交流，让学生充分发表意见和看法。再次，各学段的思政课教师要做学生学习的引导者，想办法让学生听明白知识，理解知识并记忆下来；注重对学生学习能力的培养，让学生在不断地思考、表达的过程中感悟并接受正确的价值观念；通过改变、调节语言声调和动作表情感染学生，维持学生的兴趣，吸引学生的注意力，以学生为中心，尊重学生的感受。最后，教师要及时发现学生身上的优

点，设计好、开展好实践教学，多与学生沟通交流，让学生愿意接近教师，主动学习，从而真正实现思政课教学改革的目标，增强学生的获得感，促进学生的长远发展。

（三）坚持守正创新，彰显学科魅力

每一门课程都有各自的特点和特色，这些不同的特点和特色正是各自课程的魅力所在。所以每一门课程都是有魅力的，如果学生感受不到它的魅力，问题不是出在这门课程本身，而是受到其他一切有可能因素影响的。而思政课一体化改革，目的就是统筹各个学段的思政课教学，把影响思政课发展的不利因素排除，为思政课的发展提供更多的便利和空间。当今社会，人们的生活节奏整体较快，这就难以避免社会上会营造出一种比较浮躁的氛围，而学校也难以幸免，所以让学生静下心来听思政课，感受思想和心灵上的交流碰撞的难度是比较大的。更糟糕的是，各学段思政课教学各自为政，缺乏整体统筹，在教学内容和教学目标设置上并没有考虑其他学段的教学状况，导致不同学段的思政课教学之间缺乏必要的联系，教学衔接情况较差。这些问题的存在可能让思政课流于形式，课堂教学效果和质量很难得到提升。基于此，只有坚持守正创新，彰显出思政课的学科魅力，才能更好地破解这一难题，让思政课可以引起各学段学生的学习兴趣，认真地对待思政课，提高教学成效。

现阶段，在思政课一体化发展理念提出来后，国家越来越重视思政课的建设状况，也取得了一些改革成果，增强了学生的获得感和幸福感。在此基础上，各学段的思政课教师要认清发展形势，在继承之前有益的教学经验的基础上，要坚持不断地创新思政课的形式，进一步彰显思政课的魅力，推动思政课的一体化发展。思政课教师要不断优化教学内容，增强思政课的吸引力。首先，思政课的魅力在于思想性，它是启迪智慧、净化心灵、提升境界、陶冶情操的一门课程。而坚持以马克思主义思想为指导，坚定政治立场，是思政课的最大特色所在。因此，思政课教师的教学要紧密结合国家发展，让学生感受到思政课对于国家发展和民族复兴的极端重要性，从而深刻领会思政课独特的魅力。其次，思政课魅力的彰显很大程度上受思政课教师自身人格魅力的影响。因此，思政课教师要树立好自己的形象，做好学生的榜样，通过自己扎实的理论功底、得体的言行举止和高尚的人格感染、启发学生，让学生愿意上、喜欢上思政课。最后，各学段思政课教师都要注重建设良好的班级文化。班级文化包含很多方面的内容，如班级的班风学风、教育理念、精神面貌等，对学生的精神塑造和观念养成起着潜移默化的作用。针对此，各学段的思政课教师要学会开展形式多样、健康向上的班级文化活动，营造良好的班级文化氛围，这不仅可以陶冶学生的情操，还可以与思政课堂形成合力，更好地彰显思政课这一学科的魅力。

二、营造教师队伍建设的良好环境

（一）创新教师培训方式

从各阶段思政课教师培训活动来看，现行的培训方式比较单一，学校的培训活动多是组织思政课教师统一参加的，但由于这种统一的培训只注重思政课教师队伍的整体性，忽略了教师队伍内部发展的差异性。比如，对于很多新教师来说，他们缺乏思政课相关教学经验；而对于有一定经验的思政课教师来说，在已有技能的基础上，学习应当开展创新性的培训活动，丰富思政课教师的教学方式。

因此，在思政课教师培训方式上，学校应当向个性化、多层次方向转变，创新教师培训方式，加强培训体系的针对性与适用性，构建一个较为完善的思政课教师培训体系，扩大思政课教师队伍发展空间。一方面，分阶段、分层次强化各阶段思政课教师的培训活动。先依据教学经验的不同开展教师培训活动，待青年思政课教师有了一定发展时，再将大中小学思政课教师组织起来，共同探讨新的教学经验，使各项培训活动得到教师的及时反馈。同时，还要组织实践活动，让教师成为活动的主体，现场教学，并且可以组织同学段的思政课教师"相互切磋"，通过观摩、互评的方式学习教学经验。另一方面，积极开展校内外交流培训活动。学校要鼓励大中小学思政课教师参加校内外培训活动，参加知名学术会议，通过培训活动为不同地区、不同学校的思政课教师搭建沟通场所。

具体而言，通过开展相关培训活动、创新培训方式，搭建学习的桥梁，大中小学思政课教师可以相互学习，交流学习心得，分享教学经验，可以进一步提高自身的教学水平和教学效果。

（二）优化教师队伍结构

当前，思政课教师队伍结构存在不合理现象。特别是在小学和初中阶段，思政课被认为是"副科"，导致部分学校对思政课教师的重视不足，招聘的思政课教师较少，出现了思政课由其他学科教师兼任的现象。在高校，由于学校扩招，学生数量急剧上升，思政课教师数量来不及补充，而在教师招聘中，对思政课人才的引进较难，同时还存在人才流失问题。《关于加强新时代中小学思想理论课教师队伍建设的意见》指出，要通过一系列政策举措，切实配齐建强师资队伍，打造一支政治强、情怀深、思维新、视野广、自律严、人格正，专职为主、专兼结合、数量充足、素质优良、名师辈出的中小学思政课教师队伍[1]。这为当前学校优化思政课教师队伍结构提供了实施方向。其中，专职思政课教师是指编制在思想政治理论课教学科研机构的教师，兼职思政课教师则是指编制属其他教学机构或管理部门（单位）的教师。

"专职为主、专兼结合"是优化大中小学思政课教师队伍结构的重要途径，通过整合并优化专职与兼职教师队伍，从而为提高思政课教学质量打下坚实的基础。首先，对于专职思政课教师队伍结构的优化，各学段要增加具有思想政治教育学科背景的思政课教师比例，积极引入高学历并且是党员身份的专职教师，加快培养思政课优秀教学骨干教师。其次，对于兼职思政课教师队伍结构的优化，要引导包括各级党政干部、社会先进模范人物、爱国主义教育专家等的社会工作思政工作队伍，学校党政负责人、校长等也参与到思政课教学中，充分发挥各思政要素的积极作用。

（三）丰富教师互动渠道

思想政治教育应当在教师相互沟通和交流的基础上进行。然而，在思政课教学中，各学段思政课教师往往各自为政，不同学段教师之间的互动形式较为单一，互动渠道较少。这大大影响了各学段思政课衔接工作的开展。丰富各学段思政课教师间的互动渠道，有利于加强思政课教师之间的沟通。

第一，通过搭建平台，增进各学段思政课教师的线下交流。就目前来看，不同学段思政课教师间没有形成良好的交流，要增加各学段教师间的沟通，学校应当开展好这项工作。比如，可以邀请相邻学段的思政课教师开展教学比赛活动，通过互听、互评的方式，共同探讨有利于实现各学段衔接的思政课教育内容、教学设计以及教学方法等，使各学段的思政课教学更具关联性和衔接性。与此同时，学校可以加大经费投入，创办学术会议，邀请各学段的思政课教师代表参加学术会议。此外，还可以开展相关实践活动，组织各学段思政课教师参观红色教育基地，让教师互相交流参观心得，分享实践经验，共同讨论

---

[1] 教育部，中央组织部，中央宣传部，财政部，人力资源社会保障部. 教育部等五部门印发《关于加强新时代中小学思想政治理论课教师队伍建设的意见》的通知［EB/OL］.（2019-09-18）［2023-10-09］. https://www.gov.cn/zhengce/zhengceku/2019/09/18/content_5457638.htm.

如何将其恰当地融入各学段的教学中,更好地实现各学段思政课循序渐进的接力式授课。

第二,利用网络资源,增加各学段思政课教师的线上互动。学校要借助互联网平台,为不同地区、不同学校、不同学段的思政课教师拓宽交流互动的空间。具体而言,一方面,学校可以创建更多思政课专题网站,及时更新并推送思政课教育信息,鼓励不同学段思政课教师注册并阅览相关专题网站,便于思政课教师获得最新教学资源,并与其他学段的教师进行交流互动,相互借鉴。另一方面,学校要为思政课教师开设线上课堂,安排教师定期进行线上授课。各学段的思政课教师通过线上互相听课的方式,不仅可以学习并借鉴其他学段的教师的教学方式,还可以了解到其他学段的思政课教学内容等。

综上所述,学校通过开展线上线下的交流活动,在各学段教师队伍之间建立相互联系的良性互动渠道,并丰富和创新跨学段思政课教师间的互动渠道,不仅可以突破学段和地域间的限制,加强各学段间的衔接,还可以整合教学资源,发挥集群效应,从而形成大中小学思政课教师合力育人格局。

(四) 完善教师评价体系

思政课教师队伍建设离不开有效的教师评价体系。但当前学校在对思政课教师进行评价时,不同学段评价重点不同,中学阶段多是以学生分数和升学率的高低作为评价标准,大学阶段主要以思政课教师的科研成果作为评价准则,这种评价方式虽然会提升教师的教学效果和科研水平,但会束缚思政课教师的个性化发展,不利于全方面、多方位地推动思政课教师队伍建设。因此,完善的评价体系的建立是非常必要的。

第一,学校要提高教师道德风尚在教师教学评价中的比重。对教师的评价可以从多个维度进行,但道德素质的高低是评价教师队伍的第一标准。可以说,思想政治教育影响着人的一生,对学生的人格塑造、思想道德的养成起着重要作用。思政课教师师德师风的高低,不仅影响思政课程建设的成效,而且直接影响学生的价值取向和人生走向,教师应当树立崇高的道德观。同时,学校不仅要注重考核教师的教学成果,更要严格考核教师的道德素质。因此,在教师评价中,只有把教师的师德师风作为评价思政课教师的第一标准,才能在思想道德素质上加强思政课教师队伍建设。

第二,学校要注重对思政课教师的教学评价方式。学校应当从多个方面对教师进行客观的评价,否则就会造成教师无法根据自己的专业特点进行具有个性化特征的教学活动,不能充分发挥教师的主观能动性,表明要从多方面考核教师的教学成果。具体地，在进行教学评价时，应当把思政课教师教学质量作为评价的关键，从教学质量评价出发，将思政课教师的教学态度、教学技能纳入评价考核中，如看教师的教学态度是否积极，教学技能是否创新。

第三，学校要进一步提高评价中教学过程和教学结果占比。很多学校对思政课教师的教学过程缺少关注，更看重学生分数和及格率，高校往往以科研成果等作为教师职称评定、评级评优的标准，导致教师把更多精力放在发表科研成果上而忽略了自己的思政课教学工作。因此，学校要适当改变对教师的评价标准，将教学过程与科研成果作为对思政课教师的评价标准。这样既有利于教师关注学生学习过程，提升思政课教学质量，还有利于思政课教师提升自己的专业素养。

三、加强教师自身专业素养建设

每一次思政课教学改革的发展，都离不开思政课教师的支撑，思政课一体化发展目标的实现也不例外。只有思政课教师自身能力强，学识广，才能真正实现思政课一体化建设的目标。思政课教师要深刻认识一体化建设的新要求，不断调整自身价值观念、理论水平、专业素养、创新意识等能力。

（一）坚定政治信仰，强化价值认同

思政课教师承担着弘扬马克思主义、培养合格社会主义接班人的历史使命，承担着将马克思主义理论的重要内容和科学方法传递给学生，从而引导学生坚定政治立场，听党话，跟党走，积极地投身于社会主义建设当中的重要责任。所以不管是小学、中学还是大学思政课教师，都必须坚定政治信仰，具备较高的政治敏锐性，尤其是在政治核心问题方面要保持头脑清醒。这就是要求思政课教师在日常教学中要掌握审视问题的能力，从而确立对课程、教材、教学内容的自信心，在教学实践中不断强化价值判断，引导学生树立正确的理想信念和价值追求。

因此，各学段思政课教师都要不断强化价值认同，坚定政治信仰。首先，教师要充分认识到中国共产党在马克思主义的指导下，带领中国人民从站起来到富起来再到强起来所创造的伟大功绩，要对马克思主义指导思想充满信心，对中国共产党的正确领导充满信心，对我国所走的光辉大道充满信心，要不断坚定自己的理想信念。同时，思政课教师在日常的教学工作中要坚定"四个自信"、做到"两个维护"，只有自己对所讲内容充满认同和肯定，才能把思

政课讲好，讲到学生的心窝子里去。其次，思政课教师要学好"四史"，从以往的历史中获取智慧和力量。通过学习"四史"，从中体会思想政治教育在我国革命、建设、改革等不同历史阶段，在社会建设和国家发展中所发挥的重要作用，更加深入地了解思政课的改革历程，提升作为一名思政课教师的使命感与神圣感。当思政课教师打心底里对思政课充满敬畏之心，满怀热情地投入思政课教学之中，学生终将会被这种信念和态度感染，不仅会"信其师"，也会"尊其道"。最后，教师在对学生进行价值引领时，要遵循学生身心发展规律，把课堂教学与社会发展、学生的思想状况有机结合，在传授知识的同时做好学生的思想工作，帮助学生改正不正确的思想认识，形成新的正确的价值观念，并从学生思想认识的良好转变过程中，收获作为一名思政课教师的成就感和幸福感，进一步强化自己的价值认同。

强化思政课教师的价值认同，包括强化思政课教师对马克思主义指导思想，对中国共产党的领导、对我们当前所走的道路、对思政课以及作为一名思政课教师等多方面的价值认同。总而言之，就是要落脚到增强各学段思政课教师对思政课的认同感，并把这种认同感融入日常的教学工作中去，做好学生的榜样，只有这样，各学段思政课教师才能更好地心往一处想，劲往一处使，在思想认识方面达成高度的统一，推动思政课朝着一体化方向发展。

（二）加强理论学习，拓宽知识视野

进入新时代，思政课已成为各学段各学校进行思想政治教育的主阵地，而思政课教师承担着传播理论知识的重要职责和使命。对此，广大思政课教师要不断加强理论学习，拓宽知识视野，从整体上推进和深化大中小学思政课一体化建设。

目前，国家对思政课越来越重视，对思政课教师的重视程度较以前相比也有很大的提升，对思政课教师的要求随之也在不断提高。大中小学思政课一体化发展要求各学段思政课教师必须具备扎实的理论知识、开阔的知识视野。首先，各学段思政课教师都要认真学习马克思主义经典著作，端正学习态度，把学问搞扎实。其次，在学习研究重要理论和专业知识过程中，各学段思政课教师不仅要深入学习教材内容，充实理论功底，而且还要积极了解学生感兴趣的社会时政热点问题，并在课堂中把这些问题给学生阐释清楚，这样不仅能够提高学生的理论知识水平，还能开阔自己的知识视野。最后，一个合格的思政课教师涉猎一定要广泛，各个学段的思政课教师不仅要学好马克思主义理论等本学科理论知识，还要对其他相关学科的知识有广泛的了解，并尝试把这些知识进行融会贯通，使思政课的内容更加丰富、精彩。

总之，各学段思政课教师只有把专业理论知识学深学透，不断拓展知识面，才能在教学中游刃有余，才能满足思政课一体化背景下对教师发展的要求。

（三）创新思维方式，提高教学能力

在思政课一体化背景下教师队伍建设的创新和发展至关重要，而成为一名新时代合格的高水平大学、中学和小学思政课教师，应该结合实际教学情况，不断创新自己的教学方式，提高教学能力。

近年来，思政课建设取得诸多成果，思政课教师的思维观念有了一些创新，教学能力和水平也得到了进一步的提升，学生的获得感和幸福感也随之不断增强。新形势下要促进思政课建设进一步发展，必须从思政课教师自身素质出发，坚持大中小各学段思政课教师与时俱进，始终要坚持"八个相统一"，坚定"四有教师""四个引路人""四个相统一"的政治导向，坚持贯彻"以人为本"的学生观，创新教学方式、方法，优化教学内容，提高教学能力，确保大中小学思政课教师队伍能够不断提质增效。对此，各个学段的思政课教师要着重做好以下三点：其一，思政课教师必须充分认识马克思主义理论的指导价值，坚持辩证唯物主义和历史唯物主义的观点，深刻地认识历史发展趋势，在思政课教学与研究过程中多总结经验教训，形成方法论指导。不仅如此，教师还要注重不同学段思政课之间的内在联系，在教学实践活动中，帮助学生学好、悟透知识原理，切切实实地讲好中国故事。其二，思政课教师在课堂教学过程中要开拓创新思维，在遵循不同年龄段学生成长规律的基础上，在学生能够接受的程度内，要敢于突破常规，通过新技术的应用上好思政课。其三，思政课教师要强化自我价值，满足新时代的发展要求，突出思政课堂教学的核心价值导向。具体而言，小学、初中阶段结合时事政治讲好道德与法治内容；高中阶段将国内外时事政治融入经济、文化和哲学部分具体内容中教学；大学阶段结合马克思主义最新理论成果，更深层次教育学生学好思想政治教育内容。通过创新模式改善课堂学习氛围，不断提升各个学段学生的思想政治水平。同时，思政课教师要在以学生为中心的基础上，不断革新教学方法，注重启发式教育，还要充分利用互联网资源，创新课堂教学形式，有效地克服授课中学生被动的学习方式和低参与度的问题，在培养创新人才的同时创新自己，提升自己的价值。这有利于充分调动学生的积极性，促进师生相互合作和共同进步，促进大中小学思政课一体化发展。

四、增强学生对思政课教师队伍的价值认同

(一) 政府要加大对思政课教师的支持和宣传力度

加强思政课教师队伍建设还需要国家和政府的支持和助力。当前,我国高度重视思政课一体化背景下的各学段思政课教师发展工作,努力提升思政课教师的育人能力。思政课教师是培养青年人才的重要队伍,其质量的高低关系着国家、社会发展人才的质量。国家和政府要充分发挥政策、制度优势,积极引导和团结各方力量,共同为思政课教师队伍营造优良的社会氛围。

第一,国家和政府提供资金、政策支持。随着大中小学思政课衔接工作的展开,思政课教师队伍建设工作也应运而生,做好各阶段思政课教师队伍建设工作,对思政课一体化建设工作的有序开展具有重要作用。因此,国家和政府必须对其进行强有力的资金、政策保障。一方面,要为学校提供资金支持。各级学校要加强对思政课教师的重视,为思政课教师建立相关的奖评制度,成立各阶段思政课教师沟通交流活动平台搭建的专项资金,如教学研讨活动资金、集体备课活动资金等,以此促进各阶段思政课教师的交流。另一方面,要加大政策支持力度。政府应该鼓励各地充分发挥红色文化资源优势,实现学校与地方政府的有效对接,为各阶段思政课教师提供交流场所和实践基地,鼓励各地发挥本地优势,为教师提供具有鲜明区域特色的教育教学资源,为思政课教师提供教学灵感,作为课本的补充,丰富教育教学资源。同时,还可以定期邀请思政课教师到相关政府部门讲学,并利用政府的相关网站、微信公众号宣传思政课教师的先进事迹,发挥思政课教师的典型示范作用。

第二,筑造宣传合力,优化社会氛围。教师作为社会中的一员,能否获得社会对思政课教师的认可和尊重,对思政课教师队伍的发展极其重要,这表明社会环境和氛围的好坏也直接影响思政课教师的发展。良好的社会氛围,不仅可以提升思政课教师的尊严和成就感,还可以调动思政课教师教学的积极性和主动性,提高思政课教学效果,也利于思政课一体化建设。但目前社会中的一些人对思政课不够重视,甚至有人不知道思政课是什么,教的是什么内容,也就必然对思政课教师不够重视。针对这种情况,政府相关部门可以制定相关政策,在各级政府机构、社区设立思政课教师的宣传专栏,让学生知道全社会对思政课教师的重视,进而加深对思政课教师的正确认识,认同思政课教师的价值。

（二）家庭要培育尊师重教的良好风尚

孩子接触的第一个环境就是家庭，因而家长的思维、观念影响着孩子的行为方式，家长对孩子的教育具有天然持久性和针对性优势。为了学生能积极配合思政课教师教学，增强对思政课教师的尊重，家长应该为孩子培育更为优良的家庭氛围，为学生尊师重教奠定良好的思想道德基础，增强孩子对思政课以及思政课教师的认可和尊重。

第一，父母要言传身教，身体力行。家庭是孩子所处的主要环境，所以孩子容易受父母的影响，家长会对子女形成天然的吸引力，家长的道德原则以及为人处世的态度和举动很容易感染子女，子女也会自觉不自觉地去模仿。在婴幼儿时期，孩子具有极强的可塑性，所以父母必须对孩子进行积极的正面引导和教育。父母要让孩子知道尊师重教是我国的优秀传统，并且要在跟教师的交谈中尊重教师。这样才能使孩子在耳濡目染中知道教师的重要性并尊重教师，并在以后的学习中尊重教师，配合教师工作。此外，家长要增强家庭教育观念，通过良好的家风、家训为孩子提供优越的育人环境。因此，家长还要注重孩子每个阶段的成长，关注孩子每一阶段的心理发展特征，及时、正确地引导孩子的思想道德观念，配合思政课教师工作，以加强每一阶段学生的思想政治教育衔接工作。

第二，父母要密切联系学校，促进家校互动。大多数家长都期望孩子在学业上有所收获，所以他们更看重孩子的成绩，甚至一些家长认为思政课没有专业课重要。其实，家长应该成为学校思政课教育教学以及思政课教师的坚定支持者，家长应该有主体意识，增强对学校、对思政课的了解，同时与孩子每一阶段的思政课教师交流，了解自己孩子在校的学习情况，让思政课教师能更好地了解学生，帮助每个阶段思政课教师更好地进行思想政治教育，提高思政课的效率。家长应该在小学、中学到大学都能一以贯之地配合思政课教师的教育教学工作，促进学生在学习、礼仪等多方面的发展。这不仅可以让每一阶段的思政课在学生身上发挥作用，还可以让家长了解思政课和思政课教师，增强家长对思政课和思政课教师的理解和认同，从而目标一致地协同配合思政课教师做好阶段性的思想政治教育工作，正确引导学生成长成才，共同促进大中小学思政课一体化建设。

（三）学生要主动配合思政课教师的教育教学工作

在思政课教学中，学生不应处于被动状态，而应发挥自我的主体作用，让自己参与其中，调动自己学习思政课的积极性和主动性，促进思政课教师更好地完成每一阶段的教学，帮助思政课教师产生成就感和获得感。可以说，在思政课教师队伍建设中，学生对思政课教师价值的肯定和认同，是对思政课教师最大的支持和鼓励，也是教师职业发展的重要动力。

第一，学生要自觉重视思政课。从学生对思政课的认识来看，一些学生认为思政课是一门无聊、没意义的课程。究其原因，从中学阶段开始，由于思政课在中高考中相对于语数外来说分值较低，有的地方还实行开卷考试，所以很多学生就认为思政课是副科，只需要考试前背一背就可以通过考试；在大学阶段，虽然思政课变成了公共必修课，但更多的学生把心思用在了专业课上，特别是对于理工科的学生来说，认为思政课就是一门死记硬背的课程，不愿意参与思政课教师设置的课堂活动，往往是被动学习。由此，思政课明显不被重视，学生对思政课的认同度偏低。要想解决这一问题，学校应该引导学生认识到思政课的地位和重要性，加强学生对思政课的认知，特别是在大学，要严格管理在思政课上迟到早退、玩手机、睡觉的学生，抓好课堂建设，让学生知道思政课也是一门重要课程，从课堂中感知思政课的价值。学生重视思政课，思政课教师才能从教学中获得成就感和幸福感，感受到学生对自己的价值认同，进而将其转化为动力，提高思政课的教学效果。

第二，学生要尊重思政课教师。由于社会环境发生了很大改变，一些学生认为学习思政课没有很大的意义，对思政课教师也存在很大的偏见，因而习惯把大部分精力放在分值较高的主科或者专业课上，虽然思政课是必修课，思政课教师也在努力创新思政课教学方式，但学生的"抬头率"依然很低。大学的思政课是由两个或两个以上的班级组成的，学生人数较多，师生之间在课堂上的互动减少，导致出现学生对思政课教师的认可不足，弱化了思政课教师在学生心目中的地位，这让思政课教师缺乏成就感。作为一名学生，要树立尊重师长的观念，对教师的态度不能因课程而异，并且要在思政课教师的引领下，积极配合思政课教师的教学工作，并参与到思政课教学过程，培养学习思政课的兴趣，进一步加深对思政课的认知与理解，并将所学到的理论运用到实践中去，通过理论的学习和实践的运用，正确认识到思政课教师在自己学习生涯以及个人成长中的重要性，从而更加尊重思政课教师，增强对思政课教师的价值认同。

第五章 大中小学思政课一体化建设的新媒体应用

随着信息技术的快速发展,新媒体已成为现代人获取信息、沟通交流的重要渠道。在教育领域,新媒体的应用也同样具有广阔的前景和潜力,特别是在思政课教学中,新媒体技术的运用不仅可以增强教学效果,还能帮助学生更好地理解抽象的政治理论。

第一节 新媒体与大中小学思政课一体化建设的相关内容

随着网络技术高度发达,特别是新媒体技术普及的今天,新媒体成为教育教学领域的重要手段而被加速和广泛地应用。新媒体的应用丰富了思政课的教学形式,完善了思政课的教学手段,在空间创新上发挥了重要作用。

一、新媒体的概念与特点

(一)新媒体的概念

新媒体的产生和发展得益于科技水平提高和经济的快速发展,它是时代演进出现的新事物。作为传统媒体的发展和补充,新媒体在信息化程度不断加深的社会环境中有着深远的影响,并且能够发挥重要作用。它的产生丰富了人们的日常生活,提高了人们的生活质量,同时还对社会产生了广泛的影响,在很多领域都被大量地运用。新媒体代表着科技发展与进步的日新月异,让生活更丰富多彩,给人们带来了良好的体验。

研究新媒体要辩证统一地看待其中的"新",即要充分理解"新"和"旧"之间的辩证关系。事物是不断发展的,而"新"和"旧"是相对的概念,现在的新媒体可能用后来人的眼光看就是旧媒体。尽管不同的人从不同的角度来看,新媒体和旧媒体在形式上有着各种不同和差别,但其在本质上是一致的，其根本属性都是媒介，都能够实现信息的传播和交互。不同时代都会有属于当时环境下的"新媒体"，这些"新媒体"反映的都是时代的基本社会情况和科技发展水平。在现阶段，新媒体的突出特征就是数字化、多维化和个性化。通过网络这一开放性和共享性兼具的大平台，新媒体的出现让人们不再受限于时间和空间，而是让所有人都被信息串联到了一起。每个人都是信息发出者，也是信息接受者，并且在这个环境中大家没有时空限制，而是地位平等地进行联系和交流。同时，新媒体与传统媒体之间也存在着各种联系，表现出了一定属性的延续性，即新媒体的出现在一定程度上替代了传统媒体，在另外一些方面又在改造着传统媒体，让传统媒体以一种全新的形式重新展现在人们面前，这种改造主要是增加了传统媒体不具备的互动性。所以说新媒体和传统媒体既互相联系又有明显区别，既互相补充又相互排斥。

在利用了网络的开放性和网络表现形式多样化的优点后，新媒体让舆论表达形式更加丰富，传播速度更加快速，影响更广泛而持久，在深度和广度上有了质的突破。具体表现在以下几方面：一是价值取向和批判性。在网络环境中能够更加深刻透明地进行信息披露，这些信息可以不受阶层限制地被所有网络用户接收，每个人都可以深度参与，此时就出现了个人价值取向不同而带来的观点冲突，彼此批判成为常态，新媒体环境成了舆论观点的角斗场。在这里每个人的意见都允许被充分而自由地表达出来，人们更愿意用批评家的视角来对舆论进行评论，当然在以批评家身份批评他人的时候也就意味着随时要受到别人的批评。二是舆论表达多元化。由于网络的互动是开放的、平等的，人们的交互和联系通过网络在虚拟环境中实现，所以舆论表达就更容易以其本来面目被发布到网络当中，更能按照舆论的事实被发布出来。另外，当前环境下还不能完全实现对新媒体的严格监控，在法律法规建设上还存在缺陷和漏洞，这就导致网络上发布的很多舆论充满着情绪化、片面化，而且其中还会夹杂极端思想和暴力主义，出现了消极舆论和恶搞文化。所以在新媒体使用的过程中也要防止其带来的负面影响。

（二）新媒体的分类

新媒体的种类十分广泛，从不同角度可以对新媒体进行不同的分类。中国人民大学匡文波教授就从不同角度对新媒体进行分类，从客户端方面界定将新媒体分为手机、网络和数字电视新媒体；从外延上又可以分为网络、数字和移动类等①。有的以媒介属性将新媒体分为社交媒体、云媒体和视频媒体等类型。下面以此为标准对新媒体进行分类。

1. 社交媒体

社交媒体主要是指以微信、微博为代表的社交软件。在当今快速的生活中，社交媒体借助移动设备和网络，可以用最短的时间，将众多的信息传达给受众，将时间碎片化的同时具有强大的传播力。社交媒体以微、短著称，但同时方法多样，选择丰富，准入门槛低，是新媒体最典型的代表。

微信是下载量最高的超级软件，用户多，市场占有率高，融合文字、语音、视频等基础社交方式，极大地满足了受众的社交需要。微信以人际的社会圈式传播为基础，依靠移动终端，进行信息的沟通和交流，具有便捷的属性。值得一提的是，随着微信功能的不断完善，如今的微信拓展了实用领域，使之集查找、搜索等众多生活模式于一体。

微博是新媒体发展到巅峰的重要代表，在这一媒介上，信息交流互动不再受朋友圈的局限，实时更新的微博热搜榜更是将新媒体的即时性体现得淋漓尽致。微博信息的浏览、众多受众的参与，使微博成为双向传播的典型代表，用户对信息运用的最大化和传播的流动化，冲击着传统媒体的传播方式。

在思政课教学中，以微信、微博为代表的社交新媒体是最广泛运用的新媒体，快速、便捷的方式，多样、多类的内容拓宽了思政课教学的时空界限，丰富了内容的选择。

2. 云媒体

云媒体是云计算的引申，是指运用云计算，以互联网为基础的一种新媒体，是当今信息和数字社会发展的集大成者。它运用比喻的方式，将网络信息内容多样化、互动化，使之选择便捷，更符合个人特点。云技术在思政课上的形式为云课堂、雨课堂和云书籍等。

第一，云课堂、雨课堂。云课堂通过购买服务，将课程资源化，精品课程让受众尤其是学生可以享受到高品质的学习内容。它突破了时间、空间的限制，将互动学习变为可能。雨课堂由清华大学提出，通过共同在线学习，让学生可以与更多课堂进行沟通，学习时间更灵活，更易自主学习，同时在预习、课堂中提供技术支持，丰富的课堂形式，使得学习在互动的氛围中进行。

---

① 匡文波. 新媒体概论 [M]. 北京：中国人民大学出版社，2012：9.

第二，云书籍的网络化发展。它突破了纸制发行的界限，客户端订阅、下载、阅读，一气呵成，发行方便，发行量由受众自行选择，将阅读与传播相结合，同时可以随时阅读分享，增强了知识的积累和深度交流，成为沟通的新方式。借助互联网，普通学生通过网络便可以搜索到阅读书目，不必再等时间去查阅，满足了学生对知识的碎片化需求，接受度更高。

此外，云媒体还包括淘宝、京东购物、新闻客户端等广泛运用云技术而进行用户分析、推送的新媒体。

云媒体是聚集、共享的网络模式，本地进行简单操作和选择，云媒体便可以运用云技术向用户提供以用户为中心和主导的信息，信息的双向验证使得云媒体的选择更具完整性。在思政课教学中，教师根据学生的实际状况进行云课程的选择，在进行云技术分析后，推送的课程便更符合学生的实际状况。同时根据学生日常对云书籍的阅读，云媒体进行跟踪反馈，思政课教师便可以根据实际情况，了解学生的知识需求。

总之，云媒体运用云技术，帮助思政课进行个性化选择和筛选，是当今思政课教师可以广泛运用的新媒体。

3. 视频媒体

视频媒体是随着网络的普及和提速而产生的，视频媒体分为短视频和长视频两类。短视频以抖音、快手为代表；长视频主要以直播视频为主，以钉钉、腾讯直播为代表。近几年视频媒体异军突起，迅速占新媒体的半壁江山。

以抖音为代表的短视频以简短为特征，十五秒的视频剪辑，分享身边事，受众从新媒体的接受者变为使用者，各种网红从中诞生；抖音的出现弥补了受众对于文字和图片的不满足状态，在闲暇时的观看和推送，将日常生活视频化，观看式的交流方式更加通俗、简便，同时也让更多普通人参与其中，是新媒体趣味化的代表。

近些年来，各直播软件的发展，极大限度地满足了受众对于长视频的需求。较为成熟的是钉钉直播，其操作简单、便捷，页面选项丰富，在疫情防控期间的线上教学中钉钉直播发挥了重要的作用。其既可以与普通人进行线上的交流，也可以进行专业性的视频交流，正规性的直播方式满足了多选择、多时空的功能。

随着网络的不断普及，官方媒体不断进驻短视频平台，一改官方严肃的形象，可以更好地进行宣传。而钉钉直播的运用，使得停课不停学成为可能，将思政课堂走进家中。

除了社交媒体、云媒体和视频媒体之外，有的新媒体的分类还包括娱乐媒体、电视数字媒体和户外媒体等思政课教学较少涉及的新媒体。

从新媒体的分类可以看出，新媒体交互性强、个性化的媒体功能突出，信息依靠新媒体这一极具特色的介质进行传播，增强了新媒体受众的选择性，吸引了越来越多的人参与到新媒体的传播中来。

(三) 新媒体的特点

随着网络的发展及手机的普及，新媒体深入日常生活。相对于其他媒体，新媒体以其互动性、开放性、即时性、草根性的特点在众多媒体中后起，并越来越深入我们的生活和学习中。

1. 互动性

新媒体是众多媒体的融合，便于阅读与互动，信息交流不再是单纯的文字和图片，还包括音频、视频等；信息交流不再是"留言等回复"或机械式地发表自己的看法，而是各方参与其中表达对某一些信息的看法，既有官方答复，又有你我这样的普通受众参与，提高了交流的互动性。以微信为例，它最直白的功能便是即时沟通，不仅可以使用语言和文字沟通，还增加了视频、语音，受众可以通过微信"面对面"地进行互动；同时，微信还可以进行表情包的发送，用幽默的方式进行交流；微信公众号的推广，可以将自己或者官方的信息、观点等以链接的形式进行传播，方便随时随地进行查阅，拓宽了互动的渠道。另外，微信近些年推出的小程序功能，简洁了众多程序并存的局面，方便了受众一键查询。以国务院小程序为例，受众不再需要各方寻找渠道进行表述，通过最常用的软件即可表达己意，增强了互动的便利性。

综上所述，以微信为代表的新媒体，使受众可以随时随地随心进行线上互动，满足了人们对于媒体的基本功能。

2. 开放性

与普通媒体相比，新媒体不再受官方和其他媒体的影响，人人也都可以是信息传播的对象和主体，人人都可以成为媒体传播的中心，成为信息的主角，更可以自主进行信息选择和信息判断。以微博为例，各大官方媒体入驻微博，受众不再一味地接受信息，官方不再苦于收集信息的方式，利用手机进行文字编辑，一键发送，自己的想法便可以表达出来，并且点赞及回复功能让有相似看法的人聚集在一起。开放式的信息表达增强了信息的传播，普通群众也可以通过微博分享自己的身边事，尤其是可以通过某个热点话题的参与，与素未谋面的网友交换观点。总之，开放式的网络环境，自由的分享方式，让信息真正可以从受众中得来，让普通受众增强了网络的参与感，从而更愿意参与到网络生活中来。

简而言之，以微博为代表的新媒体具有广泛的开放性，让受众真正地在开放的网络环境中各抒己见，体现了网络信息时代新媒体的作用。

3. 即时性

新媒体同传统媒体不同，它突破了时空的界限，通过网络，借助移动电子移动设备，即时向受众传递信息。受众不再需要用整段时间进行信息阅读，而是可以有效地利用碎片化时间进行阅读和学习，提高了信息时效性。以微博为例，受众只需要安装一个微博 APP，无需关注任何账号，时事新闻便以"热搜榜"或者"要闻榜"的形式传递给受众，其中既有受众喜闻乐见的社会新闻，也有关注社会民生的政事。榜单的实时更新，使更多新闻可以短时间迅速传递在普通受众之中，并通过转发和分享的方式传递给亲朋好友，大大提高了消息传播的时效性，使普通受众积极参与到新闻的传递和传播中。

由此可见，以微博为代表的新媒体，借助电子设备，借助普通受众的碎片化阅读时间，将新闻信息更加有效地传播出去，体现了新媒体的即时性特点。

4. 草根性

新媒体可以实现人人参与，因而草根性是新媒体相较于传统媒体的特点之一。人人都可以参与到新媒体中来，人人都有机会成为新媒体的传播主体，新媒体不再更高地要求新闻信息传播者的学识身份和理论水平，人人平等，人人开放。以抖音短视频为例，更多普通受众参与到短视频的制作和拍摄中，既有生活和工作中的琐事分享，也有官方信息的编辑分享；小到洗衣做饭，大到阅兵授奖，短短几十秒可以分享很多。目前的"网红"现象便是其发展的衍生物，普通受众通过拍摄、编辑、分享短视频在抖音频台，其他受众通过阅览相应视频，久而久之，有趣视频或者是受众较喜爱的视频从中脱颖而出，其拍摄者便成从普通拍摄者变为网络红人，即他们在增加了阅读率的同时也获得了一定的经济效益，从而带动更多的人参与到短视频的拍摄中来。

由此可见，以抖音短视频为代表的新媒体，以简单的视频拍摄方式，吸引普通受众参与到其中，人人都可以从草根百姓变为家喻户晓的知名人物，人们从受众变为主体，吸引了更多的人参与到新媒体中。

综上所述，从新媒体的特点中，可以清楚地对新媒体进行全面的认知，方便我们从中获得学生关注的新闻事件和热点信息，在为思政课拓宽了素材渠道的同时，也方便了思政课更好地运用新媒体技术进行教学。

二、新媒体背景下大中小学思政课一体化建设的现实意义

（一）有利于有针对性地开展思想政治教育活动

《关于深化新时代学校思想政治教育理论课改革创新的若干意见》强调，思政课作为落实立德树人根本任务的关键课程，有着不可替代的作用。推进大中小学思政课一体化建设，要根据学生的认知能力、心理特征、接受能力和知识水平，设定阶段性目标。以往大学、中小学在思政课程整合过程中，由于受时间、空间等因素的影响，存在着各学段沟通不便、脱节、错位、缺乏协调的现象，同时在思政课具体课程设置和教学安排上也缺乏整体性规划等问题。网络背景下，新媒体技术以其开放性和大数据筛选分析功能，可以更科学、准确地分析大学、中学、小学学生的认知过程，制定与之相对的教学内容和教学目标，注重教材的连贯性、学生成长的连续性、教师教学和学生评价的全面性，形成小学重启蒙、初中重基础、高中重质量、大学重责任的思想政治教育方针，构建大学和中小学思想政治教育渐进式、螺旋式教学模式。

（二）有利于以主客体双向互动代替传统单向灌输教育

青少年正处于成长发展的关键时期，这是一个树立良好道德情操和提高是非辨别的关键阶段。如何科学合理地将思政课的内容传授给学生显得尤为重要。传统的思想政治教育主要以教师在课堂上的单向灌输为主，不利于发挥学生的主体作用，使学生在盲目的"灌输"中逐渐失去对知识的兴趣。随着我国互联网产业的发展，新媒体平台层出不穷，传统思想政治教育单向灌输的固定模式逐渐被打破。通过新媒体平台，学生可以获取思政课的基础理论知识，激发学习兴趣和学习诉求的表达，学生与教师互动的主动性增强，这与以受教育者为中心的教育理念相吻合。

（三）有利于整合教育资源，推动思政课教材内容建设

教学内容的优化是大中小学思政课一体化建设过程中的关键任务。思政课不仅是传播科学理论知识的公共课程，也是引导学生树立正确的世界观、人生

观和价值观的人生课。大中小学思政课一体化建设需要不同年级的教学内容衔接贯通才能得以实现。但在传统教育模式中存在着重复和交叉、孤立和分散的现象，不利于大中小学思政课一体化建设的开展和整合，而新媒体可以克服这一短板。新媒体可以跨越时间和空间的界限整合资源，实现不同学段的资源共享、共建和共通。

（四）有利于推动思政课教师队伍发展一体化

促进大中小学思政课一体化建设的关键是教师，所以要加强不同学段思政课教师的交流沟通。基于此，可以以学校为发起人，组织思政课教师的教学展示交流会，各学段思政课教师集合在一起，共同分析教材、分析学情，讨论教学目标、教学方法、教学过程，展现各学段的实际教学风采，在交流沟通中推进一体化的教学思路和设计。一方面，新媒体技术在思想政治教育教学中的应用，让不同学段、不同地域的思政课教师能够足不出户，通过方便快捷的社交软件，如腾讯会议、钉钉等进行交流互动，线上同备一堂课。跨学段的交流不仅要求思政课教师耕耘好本学段学生的思想"责任田"，还要守护好各自的"一段渠"。另一方面，新媒体可以为思政课教师构建起系统、丰富的资料库，教师可以利用平台上丰富的资源，提高自己的教学技能和知识储备，并借助新媒体上发布的时事新闻对学生进行时事教育。

第二节 新媒体运用现状

纷繁复杂的互联网信息对青少年的价值取向与信仰选择产生一定的扰乱与冲击，学生对信息的敏感度强且鉴别能力弱，面对过剩的、未经处理甄别的信息，很容易受错误思想影响而误入歧途。在青少年意识形态建设工作上与产生负面影响的新媒体信息根源的拉锯战、争夺战中，给大中小学思政课的一体化带来一定的挑战。

一、新媒体运用取得的成绩

目前，新媒体运用已经成为校园建设的重要环节，它对于宣传学校信息、文化，树立校园形象都大有作用。思政课也将新媒体运用到教学中，网红课堂频频登上热搜榜单，新颖的课堂形式一改思政课教学的风貌，颇受学生欢迎，极大便利了师生之间的学习和交流。

(一) 新媒体教学覆盖广泛

在思政课教学中,新媒体发挥着举足轻重的作用。思政课运用新媒体进行教学,灵活多样,互动性强,深受学生喜爱。并且经过近些年的广泛传播和发展,思政课教学中新媒体的运用覆盖已经较为广泛。

新媒体的不断发展伴随而来的是新媒体的覆盖具有了广泛的深度。根据高校新媒体的微信运用平台来看,一流大学最先在思政课教学中运用新媒体,且运用逐步成熟。例如,浙江大学运用官方公众平台——"浙江大学"发布热点事件,宣传校园历史,收集学生信息,思政课教师可以通过公众平台,把思政课堂延伸到学生的日常生活中,得到学生最为关注的信息。又如,东北师范大学以"东师青年"为平台,借助热点事件,收集学生身边的优秀榜样和事迹,在思政课教学时宣传校园人物,以身边的榜样鼓励学生向其学习。

现如今新媒体的运用已经如火如荼地开展起来,并逐步渗入思政课教学当中,影响着思政课教师的教学和学生的学习。

(二) 新媒体运用种类多样

新媒体的种类众多,给高校思政课提供了很多的选择,以清华大学为例,有清华大学微信公众号、微博官方账号、清华大学短视频账号及其研究的雨课堂等。从中可以看出,清华大学不仅注重学生的交流和呼声,也注重官方信息的发布渠道,短视频的加入以清新平易的方式宣传清华大学,雨课堂的产生揭开了清华大学课程的神秘面纱。目前,以清华大学为代表的全国很多高校的思政课都已经将新媒体灵活运用到教学中来。

第一,社交新媒体的运用。首先,朋友圈式社交的微信软件。如今,微信已经走进并更新着我们的生活,其文字、图片、语音、视频功能已经替代了之前的社交方式。而思政课运用微信平台,可方便教学。思政课教师运用微信,倾听学生的呼声和需求,这有利于教师尽快地了解学生的问题,解决学生的疑难,可实现思政课教学的诉求有道。同样,具有高度开放社交性的微博也运用广泛。与微信相比,微博的运用更为简单和易操作。近些年来,思政课教师通过开设微博账号,分享时事感悟,热点交流。与微信相比,微博可以匿名与思政课教师沟通,使得思政课诉求可以无顾虑进行表达。同时,思政课教师可通过浏览"学校超话",第一时间关注学生动态,知晓学生最为关心和关注的思政信息,方便在思政课教学中及时添加这些内容,使思政课教学更具有时效性。

第二，以抖音为代表的短视频软件的运用。随着无线网络的普及和移动流量限制的降低，学生不再受流量数据的影响，不再满足于图片的浏览，这时抖音视频便深入学生中。目前思政课教学中插入抖音短视频的形式已经屡见不鲜，其可以最快和最有效的方式吸引学生的眼球，增加思政课教学的趣味性。同时，思政课教师可以通过浏览抖音短视频，了解学生的兴趣，并将兴趣视频融入思政课教学之中，这些都可提高思政课受欢迎程度，使思政课更深入学生中。

第三，以云课堂、雨课堂为代表的云媒体运用。无线网络的普及和新媒体的运用，使得线上教学成为可能，而其中云课堂、雨课堂的诞生打破了课堂的时空界限，从技术上实现了突破，内容上得以精益求精，使得线上教学可以对线下教学及时进行补充和拓展，加强师生之间的深度交流。

由上述可以看出，以微信、微博、抖音、云课堂、雨课堂为代表的新媒体平台在社交、信息、短视频和线上教学方面各司其职，发挥着自己的功效，丰富着思政课的教学，给思政课教学带来了便利。

(三) 新媒体的运用可增强教学效果

依靠网络和技术的支持，新媒体丰富了思政课的教学资源，使思政课的教学内容更加丰富，教学形式更加多样，方便了思政课教师资源的获取，并且更受学生欢迎。

首先，可创新思政课教学的方式。与传统多媒体和书本教学不同，新媒体教学不再是将教学内容进行 PPT 和图片式的播放，而是通过多种新媒体平台共同进行教学，丰富了教学方式。思政课教师将讲授内容发送到微信平台，方便学生线上线下随时进行思政课学习。而短视频的加入可使得思政课教学真正"活"起来，将思政课教材内容以生动、直观的形式传输给学生，丰富思政课教学的魅力。新媒体的运用使得思政课不再局限于课堂的教学，思政课教师可以灵活对待思政课教学，丰富思政课的教学方式，线上线下多举措进行教学。

其次，可丰富思政课教学的内容。新媒体带来了众多融合的信息，思政课教师也意识到仅局限于课本内容不能满足学生日益增长的知识诉求，而应将多学科的教学内容融入思政课教学中；同时思政课教师可以运用新媒体丰富自身的知识储备，及时更新自身的知识库，提高思政课的教学质量，丰富思政课教学内容。

最后，可提升思政课教学的效果。新媒体种类众多，形式多样，思政课教学运用新媒体，可以使思政课与时俱进，迅速融入学生之中，吸引学生。传统的思政课依靠讲授、图片或者视频的方式进行教学，不同专业的教学内容和方式几乎一致。运用新媒体资源，可以通过微信群的建立，后台迅速分析，教师及时知晓该班级学生的兴趣爱好，有针对性地进行教学。例如，对艺术学院的学生运用短视频或者作品拍摄的方式，将思政情融入作品中，融入思政课教学中；对文学院的学生运用微信公众号的文章编写，将意识形态的所思所悟以文字的形式抒发出来。众多新媒体共同运用，各司其职，丰富的教学方式可提升思政课的教学效果，让学生在快乐的思政课教学氛围中，吸收、领会思想政治教育的真谛。

由此可见，新媒体的运用使得思政课教学不再受时间和地点的限制，可扩展思政课教学的广度和宽度，同时丰富思政课教学资源和方式，使思政课更受学生欢迎，更具有亲和力。

二、新媒体运用面临的困境

（一）新媒体的开放性使传统授课模式亟待突破创新

新媒体的出现使媒体信息内容的形式可以多种多样，同时新技术的出现在一定程度上降低了媒体制作的难度和成本，导致新媒体在内容上出现了极大丰富的状况，但在大量的内容当中既有积极向上、健康的，这样的内容是主流，也有消极腐败、低级趣味的内容，甚至还有部分是人为故意发布的恶意诋毁、歪曲事实、混淆黑白的内容。虽然只是少部分，但是依然会在一定条件下对意识形态的养成和舆论造成消极负面的影响。

目前，互联网所充斥的娱乐文化正逐渐冲击着思政课的权威地位，各种娱乐新闻和名人八卦占据了大部分的网络空间。这与思政课立德树人的目标渐行渐远，使一些大中小学生被这种娱乐文化潜移默化地麻痹了，进而对思政课学习的热情下降，使思政课边缘化。这一情况增加了思政课开展的难度，阻碍了大中小学思政课一体化建设的进程。相应地，新媒体以网络为主要传播平台，在网络的虚拟环境中是可以进行匿名发布的，这使得信息良莠不齐、鱼龙混杂。网络的开放性导致这些信息可以被任何人随意地获取，阻碍对学生政治引领和价值引领工作的开展，为社会带来不稳定因素，还会给个人带来经济损失。

另外，对学生而言，其因为年龄小而社会经验不足，不能深刻地了解社会上的事情，自身的价值观念体系不牢固且尚未形成，更加容易受到上述糟粕信息的影响和迷惑，导致其自身在认知上出现偏差，影响他们的思想观念形成和道德准则的建立，甚至使他们失去信仰和理想。

由此可以看出，在大中小学思政课一体化建设中新媒体的运用有待提高，面临着挑战，不仅需要内容上和方式上不断整合创新，也要积极利用新媒体来争夺网络上的舆论阵地，即不管学生处于大中小哪一学段，思想政治教育工作都要牢牢地把控网络上的舆论主导权，把握正确的舆论导向。

（二）新媒体的虚拟性影响学生的认知取向和价值观念

新媒体平台的一个主要特点就是网络的虚拟性和开放性。具体来说，在新媒体平台上每个人都可以随意地发表言论，并把自身对事物的看法和观点毫无保留地进行展示。这一点可以在一些大众化的网上互动交流平台，比如微博、博客、贴吧、各种论坛等上得到证实。在这些平台上用户只需要进行简单注册后就可以自由地发布各种信息，并且由于互联网的传播性，这些信息能够很快地被关注和传播。学生作为受众之一，当然也可以注册成平台用户，能够轻而易举地发表或者浏览评论别人的内容。然而，社交平台的匿名性可让部分不怀好意的群体发表不实言论、散布有害信息，带歪舆论节奏，使网络空间变得乌烟瘴气，不利于青少年人格发展和身心健康。而且在网络中还有一些西方势力别有用心地进行渗透，采用夸大其词、移花接木等手段来将社会矛盾进行放大和歪曲报道，同时宣扬所谓的西方价值观等内容，这些都会对学生的学习造成极坏的影响。

网络环境的去中心化导致每个人在网络上都是具有话语权的主体，对自己关切或者社会关注的话题特别是热点话题，所有人都会把自己的理解和看法公布出来，而不会过多考虑自己的理解和看法是否全面客观和理智。在网络中，学生得到了发言的极大自由，可能会引起他们对课堂教育模式的逆反心理，部分学生看待事物的角度倾向消极的、负面的、悲观的，背离社会主义核心价值观，从而给学校的管理和教学工作开展带来不可预估的影响。因此，网络舆情容易快速传播发酵的特点也会促使学校改变思想政治教育的模式。

我们熟悉的传统媒体比如电视、广播、报刊等基本都是单向传播，而新媒体与之相反，具有便捷高效的互动能力，对青少年学生具有更大的吸引力。对课堂教学而言，也同样是这样。新媒体能够给学生的积极主动性提供条件，可以让他们随时获取信息并将自己的观点和想法随时进行平等互动和分享。相比较而言，新媒体对于传统教育模式的冲击显而易见。

(三) 新媒体的知识碎片化使学生的逻辑思维能力弱化

碎片化的知识和学习方法降低了学习的连贯性,削弱了学生的逻辑思维能力。而大中小学思政课一体化建设,不仅需要在外部构建链条式的课程体系和育人体系,还需要学生具备连接、整合、规划的能力,做到所听、所学的内外协同。当今的新媒体环境因其简洁、丰富、有趣、传播迅速、覆盖面广而成为学生获取信息的重要渠道。然而,碎片化的信息也导致了学生的学习方式碎片化,使原有的、完整的知识体系变得支离破碎、不连贯,且缺乏逻辑性。长此以往,学生的思维能力就会变弱,并难以将不同阶段所学到的知识进行有效衔接,构建起系统的思维框架,增加了思政课教学的困难性。

三、新媒体运用困境的原因

(一) 教学模式、手段和渠道亟待创新

思想政治教育的目的是把特定时期的社会所提倡和需要的思想道德灌输给受众,让他们能够把这些内容融汇于心。但要注意,这里的灌输侧重点在于通过不断的教育强化让思想道德深入人心,并潜移默化地影响学生的行为,而不是不讲方法、不加设计的"填鸭式"教学。而新媒体的应用和发展,使理论教学与实际紧密结合,及时通过理论解释实践中出现的问题。与此同时,学生群体由于对于新事物的主动接受,提前进入了新媒体世界,在新知识的获取上处于一定的领先地位,而新媒体的交互性、实时性相比于传统课堂教育要更加具有优势和吸引力,这就对传统授课方式带来了极大冲击。千篇一律的课堂宣讲、大范围授课远不足以抵抗新媒体多种多样、更具个性化特色所带来的新鲜体验。在线学习给学生提供了更加实际的比较机会,也给思政课教师和传统授课模式带来了更大的挑战和机遇,其中挑战是主要的,机遇是重要的,就看教师如何去应对这一变化。

现阶段,教学方式的改变确实显现出了教师采用新媒体进行教学活动的不适应和对传统教学方式的依赖,也体现了教师对于新媒体利用还存在很大的提升空间。针对现在采用的线上教学方式,部分教师会感觉无法适应,究其原因主要是这部分教师对于新媒体新技术的掌握和使用不足,影响了线上教学的质量,甚至会给教师的自信心带来负面影响,导致其排斥和抵触对新媒体教学。这是一个需要引起人们高度重视的问题。新媒体的发展和运用势不可挡,如果

不愿意学习和使用它，很可能就会被时代淘汰，影响思想政治教育活动的开展和目标的实现。这就要求广大教师要能够与时俱进，抓紧时间提高自身的技能，从教学和学习两个方面同时进步，适应新媒体带来的新变化，能够从学生的角度出发，从发展的立场看问题，尽快掌握新媒体技术并将其运用到教学实践当中，要敢于创新、勇于求变。

（二）各学段教育主体的活跃性和复杂性

新时代的主要特征表现为多极化、全球化、信息化和多样化，国与国之间相互依存更加紧密，意识形态的传播、交流也日益加深。我国广大学生群体的思想态势总体上是积极健康、向上向好的，但保障思想政治教育工作的顺利开展还需要面对舆论环境的复杂性和多变性。这种开放交流的环境虽然开阔了学生的视野，但也不可避免地带来了负面影响，如缺乏科学性、娱乐至上等。面对"危机四伏"的网络环境和人才培养环境，思政课教师要努力提高学生的辨别力，避免学生走入人生偏颇。

青少年作为新媒体使用的主力军，在文明价值观念和意识形态结构上受其开放性的道德教育和多元化文化影响。现今，广大青少年学生对于社会思潮的了解和认识主要来自学校思政课。然而，当下社会上某些"碎片化"的社会思潮却在耳濡目染地影响学生。新媒体信息发布的实时化、发布主体的多元化、低门槛，发布的信息内容碎片化，导致时下的青少年学生群体在接受社会思潮的信息时，也呈现出群体化、无意识、零碎化的特点。海量的信息中不乏一些鱼目混珠、似是而非、胡编乱造、粗制滥造、道听途说、凭空臆想的信息，中小学生在家长和学校的帮助下可以大大避免这些信息的侵蚀。对于即将进入社会的在校大学生来说，世界观还没有完全形成，在知识掌握和各种社会经验上存在欠缺，他们很难以敏锐的识别力对新媒体环境中海量信息进行筛选，因而容易被负面或者虚假信息迷惑和影响，进而影响其理想信念的树立。如果背离社会主义核心价值观的行径和思想，利用其技术优势不断地在网络上进行文化渗透，长此以往就会混淆视听，让学生思想意识产生混乱，造成信仰危机，进而影响共产主义合格接班人的培养。

现阶段，国内思想政治教育重心在于培养和树立正确的世界观、人生观、价值观和社会主义道德与法治观念。各学段思政课教师一直通过传统的授课模式完成思想政治教育的任务，以德育为核心促进学生树立正确的思想意识，这种教学方式已经持续了相当长的时间，是思政课的主要形式。进入新时代以后，由于新媒体的出现，对信息传播主体的要求开始降低，而且途径多种多样,任何人随时都可能成为信息传播的主体,使用户能够根据自身的意愿在网络上发表自己的言论,这样就让网络世界变得更加不可控,形势越来越复杂。事实上,青少年作为新媒体的生力军和主力军,他们能够切身体会到新媒体所带来的各种优越性,但新媒体信息内容的复杂性又让他们感觉到困惑和无所适从,降低了他们的分辨能力。目前在网络监管当中确实还存在很多不足,使不法分子和敌对势力有可乘之机,利用网络不断地传播误导性舆论,以期能够影响学生的认知。网络也是舆论竞争的战场,想要让我们的思想政治教育占领制高点,就必须加强创新和改革,善于利用新媒体带来的机遇,发挥其在促进大中小学思政课一体化建设中的积极作用。

第三节 新媒体运用路径

随着网络技术高度发达,新媒体成了教育教学领域的重要手段而被加速和广泛的运用。新媒体的运用丰富了思政课的教学形式,完善了思政课的教学手段,在空间创新上发挥了重要作用,但同时也产生了一些负面影响。对于新媒体在大中小学思政课一体化建设过程中的运用,既要看到其具有的积极意义,充分发挥其对思政课堂的积极作用,也要认真分析其运用中出现的问题,合理提出有效的对策,让新媒体在大中小学思政课一体化建设中产生更积极的培养作用,规避劣势。

一、新媒体与大中小学思政课一体化教育教学目标的融合

(一) 完善制度建设,以实现目标的健康融合

虽然把新媒体融合到思想政治教育当中能够发挥各自的优势,促进教育创新的开展,但融合也需要在健康发展上得到充分保障,要在融合体系建设上保持常态化、规范化和制度化。

第一,常态化。要将两者的融合贯穿到日常教育活动各方面,并且随时要注意提醒自己尽可能利用新媒体改进教学方式方法,要持续地加强对新媒体技术的学习,不断丰富新媒体的内容。同时,在平台建设上要始终注意层次化、多样化和多功能化。

第二,规范化。在进行平台建设和课程建设时要加强管理,即用规范促进

建设，从每个步骤、每个细节加强规范化。具体地，在内容的编排选择、信息的收集整理、资源的存储分享和应用系统的开发建设上都要进行规范化处理，避免技术选择使用不当带来的平台兼容性问题，避免建设中的信息孤岛出现。与此同时，还要通过规范化管理加强责任意识的建立，对平台传播信息的主客体要进行权责界定，对内容的格式、范围、发布、审核等流程和环节进行标准化和规范化，通过加强管理保证平台各方面的安全，保证新媒体内容符合思想政治教育的要求，避免出现主客体失当现象。

第三，制度化。在大中小学思政课一体化建设中新媒体的平台管理更是要做好把控，制定完善的规章制度，做到有据可依、有章可查。为了保证融合的顺利进行和健康发展，必须加强制度建设，要建立完善与平台匹配的相关管理制度，要改革和创新工作机制，不断组合优化工作程序，在制度的引领和约束下，更好地实现新媒体与思想政治教育的大融合。具体来说，学校可以根据网络新媒体平台的特点，建立起一套网络资源管理的制度和制定具体措施，增强制度的科学性和措施的可操作性，保证网络资源内容能够合规合法合理有益。此外，还可以建立新媒体成果知识库制度，让新媒体的成果能够被更多的人分享，更好地发挥网络的育人功能，而且制度体系带来的制度优势还能够让学校更好地利用校外资源，增加融合创新的原动力。

（二）加强监管，以实现目标的有效融合

新媒体平台作用的发挥还在于通过监管保证其有效性。新媒体平台是以网络为基础的，而网络又是一个开放、平等、自由的虚拟空间，因而对它的监管至关重要而又是难点重点。互联网作为意识形态争夺的中心，关系到国家的命运前途，新媒体平台作为思想政治教育的新阵地，亦是我国以马克思主义为核心内容和理论指导的社会主义意识形态教育的主要渠道，必须严格管控，让它真正做到为思想政治教育服务，真正做到有效。第一项要开展的工作就是监督，要充分发挥技术优势和网民规模优势，发动大家在主动进行自我管理的同时积极地开展对他人的监督，保证不良信息和内容不出现在新媒体教育平台或者不在平台形成大范围传播。同时，要建立监管体系，对平台维护人员提出严格要求并明确他们的责任，培养他们的责任意识，提升融合效率保证有效性实现。第二项工作就是在加强管理的同时加强法制建设，用法律约束平台用户的行为，并按照法律对不法行为进行追责，要让学生了解国家对于网络管理的态度和相关法律的严肃性，增强他们的守法意识。由于学生本身经验不足，分辨能力存在欠缺，容易冲动等，在法制防范的基础上还要加强技术防范，利用网

络设备建立起能够实现监测、预警、干预的网络安全体系，同时要建立应急响应预案，对于发生的问题能够及时采取果断的措施进行处理。另外，还要加强舆情监控，根据大数据分析对舆情进行分析和把控，及时疏解问题隐患。

二、新媒体与大中小学思政课一体化教学内容的融合

（一）用分学段的思政课教材内容有针对性地占领新媒体平台

新媒体作为新兴事物已经在广大青少年中占据了重要位置，成为他们获取新知识的主要途径之一，在当下及时地用分学段的思政课教材内容有针对性地占领新媒体平台正当其时，具有十分的必要性和重要性。可利用新媒体平台，按照新媒体的规律和属性开展大中小学思政课一体化教学。在确保教学内容政治性和科学性的同时，将马克思主义理论思想政治教育的科学内容通过新媒体进行有效传播，占领科技的制高点和传播的主阵地。利用新媒体进行思想政治教育时应该特别注意在遵循课程标准的前提下，以学生为中心和出发点，根据不同学段学生的需求和习惯进行教学内容的设计和编排，并利用新媒体平台来展示分学段的思政课教材内容。总之，在安排内容时必须做到形式丰富多样，内容真实权威，展示时机和顺序科学合理，要求既能够吸引学生，激发其学习兴趣，又可以实现思想政治教育目标，以传播先进文化。

（二）利用新媒体特点丰富思政课一体化教育内容

在传统教育环境中，思想政治教育内容的选择安排主要通过传统政治思想和日常主体生活相结合进行思想政治教育，在内容选择上具有滞后性和渠道单一性，但是新媒体的出现丰富了内容选择的范围，可通过有效结合时事热点，实现理论与实践相结合的教学目标，促进青少年学生政治意识和政治觉悟的提升。在新媒体环境中开展思想政治教育的具体措施如下：

第一，要注意以活动为抓手。新媒体由于能够实现信息快速传播，通过组织网上短视频活动，具有交互性、易传播性、简单快捷高效等特点，所以既能调动学生参与的积极性又能够扩大活动的影响力。活动组织要经常变换形式和内容，既包括与既定内容相关的固定活动，比如党团教育、传统文化宣传和社团活动等，还要能够结合时政热点组织相关活动，要有创新精神，内容要创新，形式要创新，手段也要创新，通过持续的活动和创新，不断地将正能量以微力量的方式传递给学生。

第二,要善于组织覆盖范围大的思想政治教育。要多开展持续时间较长的大型互动活动,通过这些活动给传播者和接收者充足的时间进行交流和讨论,推动双方对活动进行深入的研究,增强活动效果。同时,交流的形式要尽量多种多样,给双方都留出选择的余地。另外,还可以举办一些趣味性和互动性强的活动,要具有高度的可操作性和可参与性,调动参与者的积极性。

第三,大型活动的举办要具有吸引力,给予参与者更好的体验,这样才能促使他们进行真正深入有效的交流和表达。具体而言,要让活动具有适应性广的特点,能够吸引各学段学生参加,扩大影响面,同时还可以利用新媒体的先进性让学生不仅参与进来,还可成为组织者,允许学生发起自己的微活动。

(三)利用新媒体传播优势增强主流意识形态引导力

在内容传播上,时刻牢记开展思想政治教育,始终要围绕党的先进文化、主流观念,要致力于培养学生正确的价值观。现阶段,学校教育形式大多还是采取传统的课堂直接讲授、面对面传播的方式,虽然采取这样的方式能够确保传播的内容真实有效不走样,但是受到时空限制,难以真正实现影响力的进一步扩大。利用新媒体传播信息的实时性,能够做到对既有知识进行传播的同时不失时机地加强新知识新理念的传播,能够扩大知识传播面和影响面。二者各有优势,如果做到互相融合互补就能够充分发挥各自的优势,促进思想政治教育的开展。因此,各级学校在思想政治教育活动过程中要深入发掘传统教育方式的优点并保持对其革新的状态,同时还要充分地利用新媒体的优势,用更加丰富多彩、扣人心弦的方式,将主流的意识形态信息生动地传达给学生,利用学生更加喜闻乐见的方式完成学习和形成认知。利用新媒体信息形式多样的特点,加大在传播红色资源和优秀民族文化过程中对图片、图像、声音等新媒体元素的使用力度和强度,结合教育的主题利用新媒体进行互动式的宣传和传播,利用多种形式多个渠道引导各学段的学生,让他们时刻能够接受到优秀文化的熏陶,潜移默化地树立和坚定信仰,建立马克思主义的世界观。总之,通过新旧媒体在形式和内容上的融合能够取长补短,增强思想政治教育的说服力和影响力。

三、新媒体与大中小学思政课一体化教学方法的融合

（一）强化思政课教师对新媒体的认识与掌握

面对新媒体所带来的教育环境变化和教育方式的转变，部分思政课教师不能很好地适应形势、思维固化，导致沟通不能有效开展，影响了教育的质量。在新媒体背景下，学生已经习惯了从网络中获取信息的方式，这是因为网络能够以他们更加容易接受的方式给予他们所需的知识和内容，网络语言更具有时代感，更能感染和吸引学生，网络话语更容易被学生认同。所以，要想利用好新媒体，让它在思想政治教育中真正发挥积极作用，思政课教师就要主动地去改变，让自己适应新媒体环境，掌握新媒体需要的技能和知识，并且能够利用好这些技能和知识，占据思想政治教育网络话语权的阵地，改变自己的教学风格，赢得学生的认可和接受。

大中小学思政课一体化建设中新媒体的应用，对思政课教师提出了新的要求。具体为，在坚定明确教育是为了影响学生意识形态的工作目标前提下，首先要求教育者要主动改变双方在教育活动中的角色定位和地位，将主导者和控制者的角色向引导者和参与者转变，建立能够开放包容且平等和谐地开展对话的师生关系。其次，在进行新媒体平台上的线上教学时，要充分认识到网络环境虚拟性的特点，推动学生在虚拟环境下进行轻松愉快的交流和沟通，让他们以放松的心情、平等的地位敞开自己的心扉，从而在轻松活泼的氛围中引导和帮助学生完成道德养成、加强行为规范。

毫无疑问，思政课教师需要加强对新媒体的认知理解和应用，在这一过程中要确定自己的原则。

首先，要做到坚决融入、超越实现。认准新媒体在思想政治教育中的现实和未来作用，用新媒体思维去规划思想政治教育活动，认识到新媒体对教育形式创新所带来的积极作用，要敢于打破常规，敢于使用新技术，要通过思维观念的改变带动教学方法的创新。

其次，要坚持牢固掌握话语权，注意传播方式。思想政治教育不是空洞的说教和灌输，要真正实现它的目标就要结合现实问题，并用"活思想"去分析问题、解决问题，要让理论落到实处，具有实效性，教学内容要富有针对性。教学过程中，也要时刻注意关注学生的兴趣所在，要利用理论去解释他们关心的现实问题。同时，还要深入地把握学生的偏好和能够接受的方式方法，

始终保持在教学过程中自己拥有话语权并且可以通过它来吸引、引导和影响学生，做到旗帜鲜明、理直气壮、立场坚定、思路清晰、发声及时、权威准确。最终培养学生价值判断能力的养成，让他们在学习知识的同时学会对新媒体信息做出正确的判断，始终保持自己的思想不受侵蚀。

再次，努力学习新媒体运用的技术，提高自身的能力水平。打铁还要自身硬，即要求思政课教师要加强自我学习，积极面对新媒体带来的挑战和机遇，主动学习新媒体的有关知识。教师通过持续不断的学习建立和完善具有自己鲜明个性的思想政治教育新媒体系统，自成体系，用它来吸引学生，增加粉丝，更好地引导他们使用这个平台系统提高自己，在这方面利用微信公众号平台就是个不错的选择。目前，已经有人利用它进行了有益的尝试，取得了很好的效果，既能够推送知识内容，又可以吸引学生互动，加深对学生需求的了解。

最后，保证教育活动的正确政治方向。学校思想政治教育活动必须有正确的政治理论进行指导和约束，保证教育的政治方向不偏离。事实上，各学段的思政课教师本身就要有正确坚定的政治立场和深厚的理论素养，这样才能用正确的、先进的政治理论去教育学生、引导学生，帮助学生树立正确的思想观念和政治立场，及时纠正学生中存在的错误思想，保证教学始终能够在正确的政治方向上前进。

（二）建设高素质队伍

新媒体的开发利用需要有网络平台的支持，教育系统要注意逐步地建设、完善自己的新媒体平台，要有自己的新媒体思想政治教育的师资队伍，要树立教育系统自身在网络环境中的政治意识、阵地意识和责任意识，要与时俱进。这就要求首先要建设起具有深厚理论基础又能够轻松驾驭互联网的复合型人才队伍，而有了人才队伍才可能去建立和维护自己的思政新媒体网络平台。高素质队伍的建设要遵循其自身规律，具体做到以下几点。

第一，努力建设既能进行思想政治教育又能熟练驾驭新媒体的高素质的专业队伍。这个队伍是在新媒体环境下实现教育目标的保证，有利于帮助学生形成正确的价值观。这个队伍的专业化既体现在思想政治教育上还体现在对新技术的掌握上，即两方面都专业，这就要求队伍建设要扩大辐射面，要吸引除专业教师以外的其他人员加入。

第二，持续不断地推动专业队伍综合素质的提高。队伍建设起来后要随时保持学习前进的态势，不断提高队伍整体素质。提高要从两个方向开始：在专业上，要加强队伍对于党的最新理论和政策的学习，及时更新自己的知识体系，能够紧跟社会形势发展，做到明辨是非，立场坚定；在技术上，积极学习新媒体的新技术，掌握网络新动向。同时，还要加强与学生的联系，及时了解他们的动态和需求，利用新媒体传播知识，加强引导，良性互动。

第三，要把人才队伍的培训制度化，加强培训的执行力。对所有教师开展新媒体技术培训，让他们掌握利用新媒体平台进行思想政治教育的技能，通过培训强化新媒体技术能力；同时要积极加强与校外机构的培训合作，提高教师的综合能力和素质。

综上所述，学校在推进新媒体平台建设，并建立自己的网络传播渠道的同时，要更加注意新媒体思政课教师队伍的建设，不断提高他们的综合素质，积极整合各种资源，加强培训工作。

（三）巩固思政课在各学段的新媒体宣传阵地

以往校园内进行思想政治教育宣传的主要途径和方法包括课堂教学、校刊校报、校园广播等。随着各级各类学校信息化建设的推进，校园网也加入这一行列，并且成为主要的宣传渠道。校园网的加入给学校利用新媒体进行思想政治教育提供了硬件平台，提供了新媒体建设的基地。这些途径和方法综合起来就构成了学校思想政治教育宣传的主阵地。对此，为了能够突出新媒体在校园宣传中的地位和发挥积极作用，学校要积极地去挖掘现有条件下进行新媒体建设的潜力，积极探索新媒体与思想政治教育融合的新思路，大胆实践，在实践中实现创新，认真地做好新媒体宣传载体的整合工作，让他们能够融为一体，扬长避短，形成自己的特色，充分发挥新媒体的作用。

为了做好思想政治教育工作，需要利用各种宣传阵地综合起来进行大量有效的宣传教育，明确受众，了解受众需求，让受众树立正确的"三观"。其中对于正确的舆论要大力宣传，要及时把党的方针政策和理论成果作为思想政治教育宣传的最新内容通过各种渠道、各种方式传递给学生。具体的方法包括：

第一，加强对班级层次新媒体阵地的利用和建设。众所周知，现在班级信息传播大多通过微信、QQ等新媒体平台进行，班级层面上已经初步建立了自己的新媒体平台，要加强对这类平台的引导、利用和建设。具体做法是首先要扶持平台发展，利用新媒体理念来改进平台，为平台增加更多的个性化的内容，让它与传统的班级管理结合起来，在保证学生个性发展的同时引导和帮助他们进行自我管理。其次，要用制度规范平台，要加强对消息发布的管理，要有专人进行维护和管理，建立自己的平台规则，对不良信息要及时发现、及时处理。最后，建立精明强干的学生干部队伍，发挥他们在新媒体宣传建设中的作用，同时要让他们成为平台制度的执行者和宣传者。

第二，主动扩大新媒体阵地的范围。为了让新媒体在更大空间内得到更好发展，首先就要进一步强化校园网的建设和作用，让它成为新媒体的主阵地，从而为利用新媒体进行宣传教育工作提供基本的平台支持和环境构建，利用网络传播新媒体形式下的主旋律和核心价值。其次，在学校网站平台上突出强调思想政治教育宣传，建立具有特色的专门的网站或者板块，通过相应的栏目提供优质的资源，吸引学生进行宣传教育，并且网站或者板块的设计应该考虑学生的偏好和需求。

第三，加强新媒体的吸引力，促进学生对新媒体的忠诚度和信任度。由于学校思想政治教育相关活动的受众主体是学生，表明所有宣传的所有内容和形式都要考虑学生的需求和偏好，以他们为中心开展工作才能取得成效。这就要求在把握正确的政治方向前提下，对学生的兴趣进行调查，要了解他们能够接受的方式有哪些，要注意随时关注和跟踪学生兴趣点的变化，调整思想政治教育的思路。总的来说，就是要以学生能够接受乐意接受的方式和形式进行新媒体资源的建设，让新媒体宣传教育更加能够吸引学生关注和参与，同时要通过形式的变化来提高内容的感染力，从总体上提高宣传的实效。另外，对于新媒体平台的内容要及时更新认真准备，让新媒体平台成为学生的依赖。

新媒体的飞速发展和广泛应用已是时代的必然，它的应用领域也会越来越宽，逐步渗透到许多行业和领域。鉴于新媒体的优势所在，将其与思政课教学进行结合也是一个很好的思路。新媒体的加入能够促进思政课教学的改革和创新，为提高教学成效带来契机，但新媒体在思政课教学中的使用也存在一些问题，给思政课教学带来挑战。这就要求思想教育工作者去深入研究，如何利用新媒体加快思政课一体化建设，做到扬长避短，让新媒体更好地为思政课教育服务，同时解决新媒体应用过程中带来的技术瓶颈，提高教师的新媒体技能，让学生更好地通过新媒体平台学习思政课教材内容。

（四）新媒体的多元化冲击思政课教师的权威

教师和学生对网络信息的接收不均衡会影响思政课一体化的顺利开展。面对新媒体新领域，如何在课堂上有效地传播和传授知识是一个充满挑战的难题。传统的以思政课教师为主导的单向灌输教学内容，逐渐被教师和学生之间的双向互动取代。在这个双向互动的过程中，由于教师和学生从新媒体中接受不同的信息，容易出现沟通不畅的窘境。具体来看，作为新媒体平台和社交软件的主要用户群体，学生可以及时接收和理解各种流行的网络话语和词汇。但在教学过程中，教师未能及时将新媒体阵地上学生接触和接受的新网络语言同步化，导致在思政课的开展中师生难以衔接，阻碍了教师的专业教学和学生对课程内容的实际吸收。另外，在传统媒体占绝对主导的时代，舆论信息的发布和出版发行自始至终在各个流程环节都有着严格的审查和审核，不符合标准要求的信息无法进行大范围传播。经过层层审核后，舆论信息更具有权威性，更加严谨客观，舆论传播的内容的正面性、教育性能够得到更充分的保证。而在新媒体时期，由于平台的开放性，传播主体变得更加多元化和分散化，而且内容形式也多种多样，很难对其进行全面严格的把控，这样就会造成新媒体信息质量不能得到保证，导向作用无法控制。总的来说，这种多元化和质量可控性的降低肯定会影响信息接收者，影响主流媒体信息的权威性。

从思想政治教育领域来看，如果采取传统的面授形式，教学内容的选择和编排是可控的、具有可操作性，并且课程有着完整的教学大纲，规定了教学范围，经过研讨和备课后才进行讲授，虽然交互性低，但是能够保证讲授过程中教师的影响力和主导性。而在新媒体环境里，交流不再局限于面对面，而是可以利用网络技术跨越时间和空间进行异步交流，使思政课教师的影响力和主导性不受网络上其他主体的干扰，保障了教学内容的传播质量。

另外，新媒体的出现对教师权威性带来了挑战。以往教师是教学活动把控者，是学生的指导者，对于教学安排具有绝对的决定权。而在新媒体平台上，教师的这种地位受到了冲击，学生不再必须从教师那里获取信息，完全能够通过更多的渠道以更多样的形式来获得更丰富的信息。同时学生的角色也有了很大变化，不再是被动接受者，而是成了信息的发布者。此外，由于网络平台信息传播的速度快且获取相对容易，学生可能会提前收到教师还没有收到的信息，让学习走在了授课的前面，这就让教师的讲授失去了吸引力和新鲜感，就很容易给教师的权威性带来负面影响。

第六章　大中小学思政课一体化共同体建设

以习近平新时代中国特色社会主义思想为指导，深入学习宣传贯彻党的二十大精神，全面贯彻党的教育方针，落实立德树人根本任务，始终着眼于"培养什么人、怎样培养人、为谁培养人"这一根本问题，可依托大学成立大中小学思政课一体化共同体，制定统筹推进大中小学思政课一体化建设实施路径，推动各级各类学校思想政治教育高质量发展，实现人才培养目标一致性、教育思想统一性、教育方式方法梯度性"三性原则"，更好地用党的创新理论铸魂育人，努力培养担当民族复兴大任的时代新人，培养德智体美劳全面发展的社会主义建设者和接班人。

第一节　共同体建设相关概述

一、共同体的概念

共同体概念首次进入社会学领域是在斐迪南·滕尼斯《共同体与社会》一书中提出的，其认为共同体是任何基于肯定关系形成的真实与有机结合的生命体，强调人与人之间协作的正向关系，"共同体是持久的、真实的共同生活"[1]。滕尼斯进一步对共同体进行了区分，主要分为三类：依靠血缘关系紧密联系在一起的是血缘共同体。血缘共同体建立在对土地和耕地占有的基础上。地缘共同体直接地体现为人们共同居住在一起，它又进一步地发展并分化成精神共同体。精神共同体结合了前两种共同体的特征，构成了一种真正属于人的、最高级的共同体类型。而"共同领会"即一致的、共同体成员都具有的信念，把一个共同体里的各个成员团结到了一起。

---

[1] [德] 斐迪南·滕尼斯. 共同体与社会 [M]. 张巍卓, 译. 北京: 商务印书馆, 2019: 71.

在政治学中，共同体的概念可以追溯到古希腊。亚里士多德在其《政治学》中提出，所有的共同体都在追求某种善，那么很显然，那些最高的共同体，也包括其他一些共同体，就一定会追求至善。这些共同体就被称作城邦共同体或政治共同体①。他认为"城邦"不仅仅是一个简单的地理概念，即古希腊居民生活的住所，而是一个城邦公民以追求"至善"为目的的最高共同体，共同体的实现完成了自身与城邦的圆满。关于城邦的起源，他指出，当村落为了满足生活需要时，就会结成"城邦"，"城邦"是最完美的共同体形式，此时的城邦共同体就是最高的至善共同体。可以看出，亚里士多德认为共同体不局限于地域空间，其中包含着明显的道德价值取向和人文关怀。

杜威在《民主主义与教育》中提出，社会就是一个共同体，社会的生存延续是通过"传递""沟通"来进行的，社会的继续和生存，必须通过教导和学习。在共同、共同体和沟通这几个词之间，不仅字面上有联系，人们因为有共同的东西而生活在一个共同体内；而沟通乃是他们必须达到占有共同的东西的方法②。由此，杜威把共同体引入教育教学中。他认为，社会生活不仅和沟通完全相同，而且一切沟通（因而也就是一切真正的生活）都具有教育性③。杜威通过共同体这个视角来研究社会存续过程中个体的发展教育问题。需要注意的是，共同体的形成不在于共同体成员距离远近，而在于成员之间是否具有相通的情感诉求，共同的目的、信仰、期望、知识，以及成员之间的沟通和联系。

综上所述，从学者们对共同体的表述中分析，共同体可以跨越地域条件的限制，具有一定的道德价值取向和人文关怀，沟通和情感交流对共同体的发展起主要作用，解决好个人与共同体的矛盾，是在为实现人的全面发展和自由准备条件。

二、共同体建设的价值意蕴

成立大中小学思政课一体化共同体，通过实体化运作实现常态化推进，是共同体建设在体制机制上探索创新的重要举措，具有很强的示范引领作用，通过进一步创新思维方式，密切联系、形成合力，共同搭建富有校地特色、具有示范引领价值的大中小学思政课一体化共同体建设的模式，为构建具有地方特

---

① [古希腊]亚里士多德.政治学[M].高书文,译.北京:九州出版社,2007:3.
② [美]约翰·杜威.民主主义与教育[M].王承绪,译.北京:人民教育出版社,2001:9.
③ [美]约翰·杜威.民主主义与教育[M].王承绪,译.北京:人民教育出版社,2001:10.

色的教育发展新格局作出新的更大贡献。

第一，抢抓"共同体"建设机遇，加快形成铸魂育人的思政"大格局"。大中小学要着力加强上下统筹，建立联动中心，加快打通体制机制壁垒，形成各学段相互联系、一体贯通的育人体系；深化共建合作，推动各学段思政课程体系一体构建、教学内容一体聚焦、教研活动一体开展、育人活动一体实践；扩大覆盖范围，打造"纵向到底、横向到边、全面覆盖"的大中小学思政课一体化共同体建设格局。

第二，发挥"共同体"引领作用，加快打造立德树人的育人"大课堂"。全面对接"高校大课堂"，建立联合教研和集体备课、共同研课机制；全心用好"社会大课堂"，在实践中讲好"大思政课"；全力搭建"数字大课堂"，打造"沉浸式""互动式""情景式""混合式"思政课，用数字技术提升铸魂育人实效；全力打造"行走的思政课"，实现一体化联动性的实践育人活动，营造立德树人育人大平台。

第三，增强"共同体"倍增功能，加快汇集铸魂育人的社会大资源。练好师资素养的基本功；打好课程协同的主动牌，构建思政课程与其他学科课程、思政课堂与其他育人平台之间的横向衔接体系；建好思想政治教育的金名片，打造一批思政"金课"、思政"好课"、思政"亮课"，努力把"大中小学思政课一体化共同体"建设成为教育改革创新的一个金字招牌。

三、共同体建设的主要内容

在推进机制建设一体化、课程改革一体化、队伍建设一体化、课内课外一体化等方面下功夫，与大学深度合作，共建一体化特色品牌、共研一体化思政金课、共育一体化教研成果，全力打造四大共同体，即区域类思政课共同体、智慧教研共同体、学科专业发展共同体、实践育人共同体。

（一）构建区域类思政课共同体

高校和当地教育部门统筹区域内一体化工作，共同实施"大中小学思政课共同体工程"。具体地，大学加强组织统筹、整合一体化育人资源，充分发挥全国高校思政课"手拉手"集体备课的中心作用，成立区域类思政课共同体，组建由高校和基础教育思政课名师构成的骨干工作队伍，建立大中小学思政课一体化建设指导委员会，作为深化学校思政课改革创新的决策协调议事机构。在当地教育部门领导下，由高校牵头成立指导委员会，负责对大中小学思政课一体化建设进行领导、指导、咨询、示范、培训以及研判等；统筹协调相关部门，指导推动学校贯彻落实党中央关于大中小学思政课一体化建设的有关决策部署，总结推广先进经验；组织审议和研究部署大中小学思政课教材建设、教学方法改革、师资队伍建设等重大事项；组织专家指导组就大中小学思政课一体化建设开展前瞻性研究、评价指导、工作研讨、经验总结以及问题研判等理论与实践工作。同时，围绕区域平台共建，参与省级、区域性一流课程和平台建设，用好"学习强国"等智慧平台，结合教学实践，组织思政课教师交流研讨，共同探讨思政课一体化教学规律，促进不同学段教师在共同备课学习过程中相互学习、充分交流、聚焦重点、整合资源，提高对教学内容的一体化把握能力。

（二）建设线上与线下相结合的智慧教研共同体

建立思政课智慧教研共同体，配齐建强中小学思政课教研员，形成上下联动、通力协作的思政课一体化教研格局。通过线上线下混合式教研一体化，搭建智慧教研平台，为区域内教师开展在线高峰论坛、教学设计、教学观摩、教学竞赛、教学成果展示等活动提供便利，探索线上线下结合的云教研模式，充分利用国家立项的思政课国家级、省级一流课程，发挥示范作用。

一方面，建立健全大中小学思政课教师一体化备课机制。定期开展大中小学思政课教师集体备课，全面提升教研水平。同时，出台配套文件，建立纵向跨学段、横向跨学科的交流和研修机制，发挥一体化思政课教师培养的优势；打造一批思政课精品在线开放课程，完善融媒体思政公开课建设机制，围绕同一教学主题，积极组织大学引领思政课教师参加"同备一堂思政课"，组织中小学"同上一堂思政课"，推动优质教学资源共享；通过深度参与高校"国培计划"、深入基础教育思政课教学一线等方式，辐射带动各学段思政课教师队伍协同壮大。

另一方面，通过教研共同体组织思政课教师参与大中小学思政课专项研究，开展思政课教学重点难点问题和教学方法改革创新等研究，并完善智慧教研共同体协作机制。一是围绕学段内整体水平提升，持续实施高校马克思主义学院、名师工作室对口帮扶。二是围绕相邻学段课程纵向衔接，按照"本科+各学段"的纵向衔接模式，组织大学优秀思政课教师分别走进中小学课堂教学，组织中小学思政课教师走进大学课堂进行教学观摩。三是围绕跨学段有序衔接，积极参加高校牵头组织的区域性课题研究，开展理论学习、教学研讨、学术研究、教学观摩等工作，形成特色化系统化联合教研课题，深度研究大中小学思政课一体化问题，提出可借鉴的典型案例与参考依据。

（三）共建区域内学科专业发展共同体

发挥高校马克思主义学院思想政治教育专业和学科建设优势，对接中小学思政课教师队伍建设。高校马克思主义学院的中青年马克思理论专家、课程名师与中小学思政课教师结对，构建思政课教师专业发展共同体。开展"同课异构"活动，让不同学段教师围绕相同主题，按照不同学段教学目标开展教学设计，解决学段教学目标衔接问题。

此外，加快一体化专业团队建设。形成"同一主题、四个联合"（联合举办培训研修、联合开展教学研讨、联合组织教学展示、联合实施实践研学）系列活动，实行思政课"名师工作室"共建共创，重点培养一批引领一体化建设的领军团队，孵化一批一体化建设骨干团队，同时定期开展大中小学思政课教师教学比赛、说课大赛、同上一堂思政课、教师培训等活动，促进大中小学校思政课教师综合素质的提升。

（四）建设虚拟和现实相结合的实践育人共同体

首先，依托区域文化优势，开发实践育人共同体。发挥实践课程资源优势，开展一体化思想政治教育社会实践教学；实施课程数字化教学，开展一体化思想政治虚拟仿真实践教学，面向区域内大中小学开放，拓展思政课实践教学新领域。围绕同一实践教学主题，用好大学生文明实践志愿服务、小学生研学实践、青少年学生志愿服务等社会实践机制，依托新时代文明实践中心（所、站）建立小学思政课一体化学生实践育人基地，结合不同学段特点研发社会实践学习项目，探索实施"大手牵小手"方式等一体化实践教学项目。总之，依托实践教学、社会实践活动、创新创业活动、学术科研活动、劳动实践活动等载体，将理论教育与实践养成相结合，统筹推进"五位一体"的全方位实践育人格局。

其次，双向支撑，强化保障。构建"现实+虚拟"双向支撑育人平台，强化实践育人基地（线下平台）和网上虚拟平台建设。在建设校内实习实践基地的基础上，加强虚拟平台建设，通过网络教学空间、虚拟仿真实验室将实践教学搬到线上，开展网络调研、网络作业，打破实践育人的时空界限。

最后，全员育人，凝聚合力。构建育人共同体，形成实践育人大团队，凝聚育人合力。由各级党组织负责人、校长为第一责任人，由各校主要负责人组成"大思政课"领导团队，发挥统筹实践育人工作全局的领导作用；积极拓展校内空间，以思政课教师和专业课程实践指导教师为主干力量，吸纳群团、教辅以及校园社团指导教师，合力发挥育人重要作用，并邀请校外兼职指导教师，担当实践教学环节特邀指导，现身说法。同时，深度挖掘高校各学科门类专业课程和中小学语文、历史、地理、体育及艺术等所有课程蕴含的思想政治教育资源，解决好各类课程与思政课相互配合的问题，发挥所有课程育人功能，学科教学融入思想政治教育，形成协同效应。通过共同体建成一批课程思政示范校，推出一批课程思政示范课程，选树一批课程思政教学名师，建设一批思政教学研究典型学校。

第二节 共同体建设现状

随着教育改革的深入推进，大中小学思政课一体化共同体建设已经成为我国教育领域的重要议题。这一建设旨在通过整合大中小学思政课程资源，构建一套完整、连贯的思政课程体系，从而更好地培养学生的思想道德素质和社会责任感。

一、共同体建设的发展

随着我国教育改革步伐的稳健前行，大中小学思政课一体化共同体建设取得了令人瞩目的成就。其建设成就不仅体现为课程设计、教学方式和师资培养等多个维度的创新与优化，更体现为对社会主义核心价值观的深度融入和对学生全面发展的坚定追求。

在课程设计上，各级学校已经深刻认识到思政课程连贯性和整体性的重要意义，并以社会主义核心价值观为主线，以爱国主义、集体主义、社会主义教育为基石，构建起一个全面、系统、科学的思政课程体系。这一体系不仅重视知识的系统传授，更注重价值观的引导和情感的培养，旨在帮助学生树立坚定的世界观、人生观和价值观。通过这样的课程设计，学生能够深刻理解社会主义核心价值观的内涵，从而在成长过程中形成正确的价值导向。

在教学方式上，各级学校积极探索多样化的教学方法和手段。诸如，案例教学、情景模拟、课堂讨论等现代教学方法的引入，使得思政课程更加生动有趣，更能吸引学生的兴趣和注意力。这些教学方法不仅可激发学生的学习热情，还能培养他们的批判性思维、创新能力和实践能力。这些教学方法也有助于学生更深入地理解社会现象，提升自我认知和社会责任感。

在师资培养上，各级学校加大了对思政课教师的培训力度。通过组织各种形式的培训、研讨会和学术交流活动，不断提升思政课教师的专业素养和教学能力。这些培训活动不仅有助于教师更新教育理念、掌握新的教学方法和手段，更有助于他们深入理解社会主义核心价值观的内涵和要求，从而更好地引导学生健康成长。可以说，一支优秀的思政课教师队伍是确保思想政治教育质量的关键，他们的专业素养和教学能力直接关系到思政课程的效果和学生的成长。

值得一提的是，在思政课一体化共同体建设过程中，各级学校还注重了与社会的联系和互动。例如，组织学生参与社会实践、志愿服务等活动，让学生更好地了解社会、认识国情，从而增强他们的社会责任感和使命感。这种"知行合一"的教育方式，不仅有助于学生的全面发展，更有助于培养他们的爱国情怀和公民意识。同时，社会实践活动让学生将所学知识运用到实际中，增强了对社会的认知和理解，同时也可锻炼学生的实践能力和团队协作精神。

此外，随着信息技术的快速发展，大中小学思政课一体化共同体建设也积极拥抱新技术，创新教学方式。诸如在线教育、混合式学习等新型教学模式的引入，使得思政课程更加灵活多样，能够适应不同学生的学习需求和学习风格。这些新技术的应用，不仅提高了思政课程的教学效率和质量，而也为学生提供了更加便捷、高效的学习体验。

总体而言，我国大中小学思政课一体化共同体建设已经取得了显著的成果。这些成果不仅体现为课程设计、教学方式和师资培养等多方面的创新与优化，更体现为对学生全面发展的高度重视和对社会主义核心价值观的深度贯彻。这一建设的持续推进，将为我国的教育事业和社会发展注入更多的正能量，培养出更多具有高尚品德、坚定信念和扎实学识的优秀人才。

二、共同体建设存在的问题

随着教育改革的深入，大中小学思政课一体化共同体建设在教育领域中的重要性日益凸显。在实际推进过程中，这一共同体建设仍面临一些问题，需要我们深入思考并寻找解决之道。

首先，课程内容的衔接问题是一大挑战。从小学到大学，思政课的教学内容应该呈现出层次性、连贯性和递进性，帮助学生逐步建立完整的知识体系。然而，现实中不同学段之间的思政课程内容往往存在重复、交叉甚至脱节的现象。这可能会导致学生在学习过程中产生困惑和厌倦情绪，影响教学效果。为了解决这个问题，我们需要对各个学段的思政课程内容进行统筹规划和科学设计，确保内容之间的衔接和递进关系。

其次，教学方法和手段的创新不足是一个亟待解决的问题。传统的思政课教学方法往往以灌输式为主，缺乏互动性和趣味性，难以激发学生的学习兴趣。在信息技术快速发展的今天，思政课教学应该充分利用现代教学手段，如多媒体教学、网络教学等，以提高教学效果。例如，可以通过引入案例分析、角色扮演、小组讨论等互动式教学方法，激发学生的学习兴趣和积极性。同时，还可以利用网络平台，线上线下相结合，为学生提供更多元化的学习体验。

再次，师资力量不足是影响大中小学思政课一体化共同体建设的重要因素。新时代下，要求思政课教师不仅需要具备扎实的专业知识，还需要具备较强的教育教学能力。然而，现实中很多学校的思政课教师数量不足，且部分教师缺乏相关的教学经验和专业素养，导致思政课教学质量参差不齐，难以保证教学效果。因此，需要加强对思政课教师的培养和引进力度，提高他们的专业素养和教育教学能力。同时，还可以通过开展教师交流、研讨等活动，促进教师之间的合作与共享，提升整体教学质量。

最后，评价体系的不完善也是制约大中小学思政课一体化共同体建设的一大因素。目前，很多学校的思政课评价体系仍过于注重知识记忆和应试能力，忽视了对学生思维能力、创新能力、实践能力等综合素质的评价。这种单一的评价体系不仅不利于学生的全面发展，也难以真实反映思政课教学的实际效果。因此，需要完善思政课评价体系，注重对学生综合素质的评价，将知识记忆与实际应用能力相结合，以更全面、客观地反映学生的思政素养水平。

综上所述，大中小学思政课一体化共同体建设面临着课程内容衔接、教学方法创新、师资力量不足以及评价体系不完善等问题。为了推动这一共同体建设的顺利进行，需要从多方面入手，加强顶层设计、优化教学内容、创新教学方法、加强师资培养和完善评价体系等方面的工作。只有这样，才能更好地培养学生的思想政治素养，为他们的全面发展奠定坚实的基础。同时，还需要不断探索和实践，总结经验教训，不断完善和优化思政课教学体系，以适应时代发展的需要和学生成长的需求。

第三节　统筹推进共同体建设

统筹推进大中小学思政课一体化共同体建设是新时代赋予学校思想政治教育事业的新任务，必须进行总体设计和合理布局。通过整体把握教育目标、统筹规划教育资源、自觉担当教育使命，构建思想政治教育价值共同体、利益共同体、责任共同体，从而充分发挥共同体调动内部成员协同发力的优势作用，实现大中小学思政课在纵横两个方向上的双重发展与进步，并在构建共同体的过程中统筹推进大中小学思政课一体化建设进程，培养社会主义事业合格建设者和接班人，落实好立德树人这一根本任务。

一、价值共同体：以教育目标的整体把握为指引

教育目标具有指向性关键作用，是开展教学活动的重要方向。整体而言，推进大中小学思政课一体化，就是要在立德树人这一根本目标的指引下，依据不同学段的教育特点和教学规律，科学设计教育内容，合理规划教育方法，统筹布局教学活动，推动各学段进行有机结合，构建协调发展的价值共同体，在实践中有效推进一体化的实现。

（一）深刻认识思政课价值目标的整体性

深刻认识思政课价值目标的整体性是构建价值共同体的必要前提，主要包含大中小学思政课人才培养目标、课程建设目标和教育教学目标的有机统一整体。思政课是立德树人的关键性课程，发挥着总体育人的导向性作用。虽然不同学段、不同年级有不同的教育任务，但却拥有共同的育人价值目标，具有强调为学生服务、培养学生成才的一致性与同向性。运用系统思维深刻认识思政课价值目标的整体性，推进思政课目标体系的总体渐进性统一是实现大中小学思政课一体化建设的内在要求。

但要注意，思政课价值目标的整体性，并不等于提倡思政课价值目标的同质化，而是强调在应有差异的基础上建立一整套兼具系统性与连贯性的有效衔接体系，使不同学段和不同阶段的目标成为相互联系、交互作用的有机整体。另外，大学、中学、小学虽然在教育目标设定上具有相对独立性，但是无论处

于哪一个学段，都以社会主义核心价值观为教育内核，以培养时代新人为教育任务，一致的目标本质属性推动了各学段目标设定的递进性。具体来讲，低学段教育目标是高学段教育目标的基础，高学段教育目标是低学段教育目标的提升。与此同时，思政课育人总目标始终居于统率地位，贯穿于不同学段之中，以价值引导作用确保不同学段教育目标的设定始终处于立德树人的基本框架之内，有效保证了育人一体化价值目标的内在一致性。这表明统筹设置大中小学思政课目标体系，发挥思政课价值目标的同向同行作用在推进一体化建设进程中具有重要意义。另外，不同学段之间应该经常进行沟通交流，打破学段之间的场域间隔，互相了解各学段的目标设置，注重在根本价值目标引导下增强不同学段目标的有序递进，为构建价值共同体并发挥共同体整体性功能贡献各个学段的力量。

（二）不同学段思政课价值目标的纵向衔接

注重不同学段思政课价值目标的纵向分层以及分层后的相互衔接是构建价值共同体的系统性支撑。因此，除了要深刻认识思政课价值目标的整体性，还应该充分考虑不同学段的目标侧重点，关注不同学段思政课价值目标层次性和差异性的存在，循序渐进、螺旋上升地进行不同学段之间价值目标的纵向分层，逐级深化目标体系的架构和有效衔接。

不同学段思政课目标设置应当遵从由低到高、由浅入深的原则，在纵向规划中深化不同学段的价值目标设计。小学阶段思政课价值目标重点在于培养小学生的启蒙道德情感，但由于此阶段的学生学习自主性不强，需要在教师和家长的引导中帮助他们逐渐形成热爱中国共产党、热爱祖国、热爱集体的情感，要在小学生心中埋下真善美的种子，并在讲究文明的氛围中督促他们初步养成良好的行为习惯。初中阶段思政课价值目标重点在于帮助学生筑牢思想基础。这一学段的学生开始以独立人格面对复杂的社会环境，需要通过体验式认知方式增强初中生的问题意识和判断能力，从个人、社会、国家、世界的层级递进中不断拓宽他们的视野，帮助他们知晓公民的权利和义务，教授他们为人处世的基本道理，使他们自觉形成荣辱观。高中阶段思政课价值目标重点则在于提升高中生的政治素养，通过高中阶段系统性的思政课知识传授，增强高中生对党和社会主义制度的高度认同感，帮助他们树立为社会主义建设做贡献的理想，以更为开阔的视野培育高中生的价值观念，培养他们面临复杂事物的自觉辨别能力，不断提升其社会责任感。大学阶段思政课价值目标重点在于增强大学生的使命担当。大学生自主能力和参与能力更强，具备一定的思想理论基础，大学阶段应着重坚定理想信念教育，帮助大学生坚定马克思主义信仰，引导他们在人生理想和社会理想、共同理想和远大理想的统一中不断努力奋斗，提升运用所学知识分析问题并解决问题的能力，主动将思政课的理论知识内化于心，外化于行。在不同学段思政课价值目标的纵向分层中，必须根据不同学段、不同年龄的具体实际，合理把握目标的高低层次并以实现有效衔接为指向，避免出现与学段不匹配的现象；同时，要在纵向的科学布局中发挥思政课价值目标的指引作用，以纵向层面的设计巩固思政课价值共同体。

（三）不同门类思政课价值目标的横向贯通

强调不同门类思政课价值目标的横向贯通是构建价值共同体的结构性支撑。在思政课的总体称谓下，大中小各学段的思政课是由不同模块、不同课程组合而成的，各模块、各课程以其特定的知识体系和价值体系构建起了思政课整体的价值目标。由此，构建思政课价值共同体，除了需要合理规划不同学段思政课价值目标的纵向分层与衔接，还应该在横向贯通不同门类课程的价值目标方面精准施力，通过横向贯通不同门类课程的育人主题与价值追求，从而在同向同行中形成共同体协同效应。

总之，各学段必须对不同模块知识、不同门类课程内容进行整合与贯通，充分发挥不同组成部分在整体思政课中的结构性作用，为价值共同体的构建奠定横向贯通的坚实基础。

二、利益共同体：以教育资源的统筹规划为纽带

教育资源在办好思政课中占据重要地位，充分运用教育资源能够丰富思政课教学内容，增强教学吸引力。统筹规划思政课教育资源，以制度化、系统化、一体化推动育人资源的开发与谋划，在协同联动和沟通交流过程中合理分配并科学运用教育资源，从而打造相互扶持、相互渗透、融会贯通、有机联合的利益共同体，实现思政课多方合力育人成效，进而推进大中小学思政课一体化建设进程。

（一）教育资源分布及利益实现

理性认识思政课的资源分布及利益实现是构建利益共同体的首要环节。思

政课教育资源在宏观上是指各种形态思政课资源的总和，微观上则依据不同划分方式呈现多种分布样态和具体类型。按照空间划分，思政课教育资源主要分布在课内和课外两方面。思政课课内资源包括教学内容、教学方法、教学案例、课程安排、学校政策、教学环境以及课堂等客体资源和思政课教师、学生、相关行政人员、辅导员、学校相关部门等主体资源，课外资源主要分布在班级活动、志愿活动、党团组织活动、社会实践活动中。按照利用方式划分，思政课教育资源又分为显性和隐性资源、线上和线下资源等。显性资源主要集中在日常思政课教学活动、理论宣讲中，隐性资源蕴含在校园文化氛围、学习风气中；线上资源主要包括以新媒体平台为载体的MOOC、学校官方微信和微博账户等网络资源，线下资源主要包括思政课课堂、图书馆、实践基地等实体资源。除此之外，思政课教育资源还蕴藏在学校的其他各门课程中，深度挖掘高校各学科门类专业课程和中小学语文、历史、地理、体育、艺术等所有课程蕴含的思想政治教育资源，是当前办好学校思政课的题中之义。由此可见，思政课教育资源是一个分布广泛、种类多样的系统，必须对其资源分布有大致掌握和整体了解，才便于对思政课教育资源进行有效调配和充分运用。

资源的协调与分配显然会涉及利益问题，特别是需要处理好学校、教师、学生、思政课本身等的利益实现与利益协调问题。一方面，必须着眼于课程的整体利益，思政课在分学段、分模块、分课程的实施推进过程中，每个学段、每门课程都会形成各自的利益追求和价值实现，但部分的利益、学段的利益、各课程的利益必须服从课程整体利益；另一方面，必须服务于学生的长远利益，各个学段、各个门类的思政课建设均应立足于促进学生成长成才，解决资源分布和分配中存在的问题，在协调各方利益中推进思政课的一体化建设，实现共同体的利益共赢。整体而言，在思政课建设的利益链条中，地域分布、资金投入、师资力量分配等都是影响思政课教育资源分布的重要因素，必须综合考虑不同地域、不同学校的实际，统筹兼顾资源供给，避免产生局部断层，使教育资源的合理调配成为实现各方利益的保障和统筹推进大中小学思政课一体化建设的物质基础。

(二) 教育资源的通盘规划

通盘规划思政课教育资源是构建利益共同体的顶层设计。思政课作为传递知识和价值观的国家课程，必须重视教育资源的规划统筹，建立包含领导者、组织者、实施者、参与者在内的有效规划机制，从而充分调动教育系统内外的各类相关资源为推进大中小学思政课一体化建设服务。

加强各级党委和政府的领导是通盘规划思政课教育资源的关键，而教育资源的规划利用必须在党和政府的引导下协调进行。教育行政部门是思政课教育资源的规划者，负责统筹不同学段、不同地区教育资源。《新时代高等学校思想政治理论课教师队伍建设规定》强调，主管教育部门应当加大高等学校思政课校际协作力度，加强区域内学校思政课教师柔性流动和协同机制建设。大中小学等各级、各类学校是思政课教育资源规划的主要组织者和参与者，承担教育资源规划的具体开展任务，学校要建立思政课教育资源整合机制，以整合思政课教学资源为先导，同时统筹规划校内外资源的开发利用。而学校的教务部门是全校与课程相关的所有人力、物力资源统筹者，应以建设思政课精品课程为载体，优化整合校内各类相关资源，实现资源效应最大化。同时，各学段学校还应当针对不同学段特点挖掘社会实践资源，积极与爱国主义教育、国防教育、红色文化教育等实践基地建立长效合作机制。

除此之外，学校还应该利用好网络渠道，打造传递社会主义核心价值观、引导学生思想的校园网络平台，储备并定期发布各类信息资源，潜移默化地促进学生身心健康。当然，教育资源规划需要社会的广泛参与，可以通过建立承担联络沟通社会各界的职能部门，将社会领域的教育资源与大中小学进行有效对接，以提高思政课教育资源的分配效率和利用率。

总之，思政课教育资源的通盘规划是一个在党和政府领导下、教育主管部门规划下、大中小学和社会各界密切协作、齐抓共管的过程，在此过程中各参与主体须落实相应职责，做好思政课教育资源的统筹规划，为构建利益共同体打好基础。

（三）教育资源的合作开发

合作开发思政课教育资源是构建利益共同体的社会基础。统筹推进大中小学思政课一体化建设，必须发挥思政课周边已经拥有的和潜在的多样化资源的优势作用，通过构建各类人员全员参与的联动机制，合作开发教育资源，并在相互协助、彼此配合中形成思政课教育资源合力，使之成为构建利益共同体的充足动力。

思政课教育资源的合作开发具有多种模式，具体如下：一是思政课教师之间进行合作。思政课教师基于一致的育人目标和对总体教学环境的共同认识，可以通过开展教学研讨、学术沙龙、合作教学、教学竞赛以及集体备课等活动形式进行定期沟通交流，规模式地总结思政课教育资源开发存在的问题，共同探讨思政课教育资源开发方式，还可以充分发挥科研对教学的支撑作用，以学术研究带动教育资源优化，并不断联合开发大中小学之间的科研项目。二是开展校际合作。大中小学之间可以通过经常性合作推进思政课教育资源的衔接互补，共同推进思政课教育资源的开发利用。《关于加强新时代中小学思想政治理论课教师队伍建设的意见》明确提出，发挥高校马克思主义学院辐射作用，主动对接中小学思政课教师队伍建设，开发专门培训项目，并鼓励教师走进中小学校开展教学实践。三是学校与家庭之间进行合作。学校可以与家庭建立经常性联系，调动家长配合参与的积极性与主动性，特别是在充分了解学生的需求、兴趣、技能和教育情况等方面，实现学校与家庭之间更加深度的信息交流。四是学校与社会各界进行合作。学校可以与企业、媒体、社会团体开展教育资源的合作开发，充分发挥各类社会群体优势，将各类社会资源与不同学段进行有效匹配，形成全方位协同开发的良好局面。五是学校与地方政府进行合作。各级政府历来是思政课建设的推动者、支持者，因而学校要进一步加强与地方政府沟通交流，促使政府加大思政课教育资源开发力度，为思政课实践活动开展提供更多的便利和优惠。

总之，思政课教育资源只有通过全员参与合作开发，才能实现资源的合理利用分配，从而更好地协调各方利益，在共建共享、共同开发中实现利益共同体的建构。

三、责任共同体：以教育使命的共同承担为合力

党和国家历来高度重视教育事业，强调必须落实立德树人的根本任务，培养担当民族复兴大任的时代新人。作为立德树人的关键课程，培养时代新人既是党和国家对思政课的深刻要求，也是新时代赋予思政课教师的历史使命和重大责任。现阶段，大中小学思政课教师是肩负培养时代新人教育使命的责任共同体，要在统筹推进思政课一体化建设中践行使命、落实责任，以共同体的强大合力推动不同学段思政课的协同发展和共同进步。

（一）全面认识思政课的使命与责任

全面认识思政课的使命与责任是构建责任共同体的先决条件。具体而言，培养担当民族复兴大任的时代新人是时代赋予思政课教师的使命与责任。然

而，愈是接近中华民族伟大复兴的目标，就意味着我们肩上的责任愈加艰巨。当前我国正处于改革发展的攻坚阶段，面临一系列全新挑战和棘手难题，世界也在百年未有之大变局中日益呈现出更多的不确定性和复杂发展态势。面对内外局势的双重挑战，社会思潮领域的多样性表现日益突出，不断巩固马克思主义在意识形态领域的指导地位，巩固党的执政地位，奠定共同的思想基础就显得尤为必要。在时代不断变幻的大潮中，教育的价值目标和价值引领作用不应受到削弱，思政课的重要地位和作用在新的历史条件下更加彰显，守好学校意识形态的前沿阵地，这是思政课教师义不容辞的时代使命。

思政课教师对使命与责任的承担，既体现在思政课的课程建设及其教学成效的取得上，也体现在教育对象的素养形成与健康成长上。思政课教师队伍责任重大，具体体现为：思政课教师既要向学生传播理论知识、主流思想和价值理念，准确传达国家意志；又要在这一过程中通过传道授业解惑而努力塑造学生的思想和心灵，扭转学生对各种经济社会生活中各种现象与问题的错误认识和解读，引导学生形成科学的思想观念和思维方法，逐步具备科学、客观、全面地分析问题的能力以及理性应对各类事件的能力；还要通过教育教学把课程建设好，并构建起良好的课程生态，营造有利于学生健康成长的教育环境，把引导学生、建设课程、推进国家战略发展作为自己终生的事业。

（二）各学段思政课的单独责任与共同责任

构建责任共同体需要明确各学段思政课的单独责任与共同责任。思政课对人才的培养是一个贯穿"儿童—少年—青年"全部成长的长期过程，表明时代新人的塑造必须从小抓起。小学阶段的思政课教师需要通过适当的引导让学生"动起来"，以生动形象的启蒙教育，通俗易懂地施以德育影响。小学生思想单纯，善于模仿，这就要求思政课教师必须注重一言一行，以良好的行为示范履行本阶段的职责使命。中学阶段的学生处于思想活跃、情感易冲动的青春期，面临较大的升学压力和成长困惑，思政课教师应及时解答学生疑惑，耐心细致地贴近学生内心，在思政课教学中要调动学生"议起来"，引导学生积极探讨国家和社会发展大事，在关注学生身心发展中逐步了解自身的责任。大学阶段则是培养学生成才的关键时期，大学思政课教师在传授理论的同时可以启发思想让学生"活起来"，发展学生对理论问题的深入思考能力、对实践问题的深入探究能力，在增强互动中学思践悟，明确自身的使命与担当。

强调不同学段思政课教师的单独责任，并不意味着提倡思政课教学单兵作战、各自为政,各学段思政课教师除了履行各自的学段责任外,还需承担共同责任。虽然不同学段的思政课教师面对的是不同年龄的教学对象,但各学段思政课教师都须遵循教学的本质要求,遵循思政工作规律、教书育人规律、学生成长规律,注意提升思政课教学的实效性。总的来说,思政课教师要做好榜样示范作用,提升自身的思想理论修养,把思政课教材内容讲清、讲透,要根据各个学段学生特点有针对性地创新教学方法、改进教学方式,通过师生双向互动不断增强思政课的吸引力与亲和力。此外,所有学段的思政课教师都应当关注教学场域的拓展,进行理论教学与社会实践的有效结合,带领学生走出思政课堂,进入视野更为开阔的社会领域,通过校外实践锻炼增进学生见识并培养学生人格。

总之,只有在共同责任的协调引领下,有侧重地履行不同学段的单独责任,才能推动思政课职责使命在充分展开中得到落实,才能形成行之有效的责任共同体。

(三) 思政课教学中的责任分段与责任延伸

构建责任共同体需厘清思政课教学中的责任分段与责任延伸。思政课教学是一个包含教学内容、教学方法、教学对象以及教学环境的复杂系统,它囊括了课程、教材、教师、学生等具体要素。因此,只有通过明晰的教学责任划分才能确保思政课教学顺利开展,也只有搞清楚责任延伸的必要性,才能使思政课教学形成更加丰满的呈现。思政课教师在具体教学中的责任可以划分为教学前、教学中和教学后三个阶段。教学开始前,思政课教师必须对教学内容、教材以及课程进行系统的备课学习,并对所教授内容整体性把握;教学进行时,思政课教师必须在课程标准引导下,规范讲授教材内容,关注学时、班级规模、学生到课情况对教学的作用和影响,合理做好教学内容的时间安排;教学结束后,思政课教师要根据学生问题反馈进行总结,反思教学过程中的不足之处,做到因事而化、因时而进、因势而新,及时调整和创新教学方式。从学校管理的角度来看,可以通过科学制定课程运行办法、师资队伍管理规范和学生管理规章制度,不断完善思政课教学的责任分工,营造良好的教学环境,从而推进思政课教学系统的高效运转。

在思政课教学进行责任分段的前提下,还应该关注思政课教学的责任延伸问题。具体来讲,思政课教师除了担当基本的职责使命,还应当主动拓展自身的职责边界,大中小学思政课教师相互之间应当保持常规化的交往活动,通过交流各自学段的思政课教学经验，形成对自身教学的整体性思考，在与其他学段的相互衔接中优化自身的教学内容和方式方法。此外，各个学段的学校之间可以加强沟通交流，组织思政课教师观摩各个学段优秀教学典型，在互动互鉴中整体提升思政课教师队伍质量。

综合而言，每个学段的思政课教师都有自己的"责任田"，都该守好自己的"一段渠"，但责任的分段不能成为相互沟通交流渠道堵塞的缘由，责任的延伸是使各学段、各门类思政课之间能呈现出"活水奔涌"的局面，从而实现对学生价值观的贯通式塑造和对人才的贯通式培养，这是统筹推进大中小学思政课一体化建设的要义，也是我们在考察这一问题时设置共同体视域的初衷。

参 考 文 献

[1] 陈妍. 新时代大中小学思想政治教育衔接研究［D］. 武汉：华中师范大学，2021.

[2] 陈玉玭. 大中小学思政课学段间"螺旋上升"问题研究［D］. 长春：吉林大学，2023.

[3] 邓清贺. 大中小学思政课一体化建设中新媒体应用研究［D］. 长春：长春工业大学，2022.

[4] 范小青. 大中小学思政课教师队伍一体化建设的困境与出路［J］. 牡丹江教育学院学报，2021（12）：28-31.

[5] 葛自娇. 大中小学思政课社会主义核心价值观教学一体化研究［D］. 成都：四川师范大学，2021.

[6] 胡沥丹. 新时代大中小幼爱国主义教育一体化研究［D］. 成都：四川师范大学，2021.

[7] 黄玉亭. 大中小学德育有效衔接问题研究［D］. 广州：广州大学，2022.

[8] 焦伟祎. 新时代大中小学国家安全教育一体化建设研究［D］. 兰州：兰州大学，2023.

[9] 孔维明. 大中小学思政课一体化建设研究综述与未来展望［J］. 牡丹江教育学院学报，2022（9）：39-42.

[10] 郎方方. 大中小学宪法教育内容一体化研究［D］. 成都：四川师范大学，2021.

[11] 李鹏飞. 大中小学思政课法治教育一体化研究［D］. 青岛：青岛大学，2022.

[12] 李晓华. 构建大中小学一体化法治教育体系思考［J］. 宁波教育学院学报，2022（5）：93-97.

[13] 李照昭. 初高中思政课一体化教学设计的现存问题及对策研究［D］. 重庆：西南大学，2022.

[14] 刘丹. 大中小学思政课一体化的现状与路径研究［D］. 重庆：重庆师

范大学，2021.

[15] 刘峰，姜建成. 大中小学思政课一体化建设的主体构成及职能［J］. 思想政治课教学，2021（4）：15-18.

[16] 刘欢. 新时代大中小学思政课中英雄教育一体化建设研究［D］. 南昌：江西农业大学，2021.

[17] 刘璐. 新时代大中小学思想政治理论课一体化建设研究［D］. 长春：吉林大学，2021.

[18] 刘昕霞，黄丽晶. 大中小学思政课教师队伍一体化探析［J］. 牡丹江教育学院学报，2021（12）：32-36.

[19] 罗哲，冯野林. 基于网络平台的大中小学思政课一体化备课机制与策略［J］. 教育科学论坛，2022（30）：23-27.

[20] 马璐. 新课程标准下大中小学思政课一体化建设的思考与实践［J］. 新智慧，2023（7）：48-50.

[21] 牛祥荣. 新时代大中小学思政课一体化建设研究［D］. 贵阳：贵州财经大学，2021.

[22] 彭胥瑶. 基于思政课一体化的初高中法治教育教学内容衔接研究［D］. 扬州：扬州大学，2023.

[23] 任红霞. "互联网+"背景下大中小学思政课一体化建设研究［J］. 公关世界，2022（4）：122-123.

[24] 沈立里，池忠军. 大中小学思政课一体化建设的质量监测与优化路向［J］. 教育学术月刊，2022（4）：99-105.

[25] 苏爽. 高校引领大中小一体化思政育人建设的现实路径［J］. 黑龙江教育（高教研究与评估），2022（6）：16-18.

[26] 孙洋. 推进大中小学思政课教材使用一体化建设研究［D］. 长春：吉林农业大学，2022.

[27] 王琳琳，吴亚茹. 大中小学思政课一体化的概念衍化与实践路径［J］. 天津教育，2023（19）：34-35.

[28] 吴亚辉，田凯妮. 大中小学思政课一体化的内在意蕴与实践路径［J］. 思想政治课研究，2022（2）：155-163.

[29] 杨传薇. 大中小学思想政治理论课一体化建设研究［D］. 长沙：湖南师范大学，2021.

[30] 杨昕，王丽媛，潘琦. 思政课一体化建设的哲学基础与议题思辨［J］. 中学政治教学参考，2022（37）：78-80.

[31] 张欢. 新时代思政课"大中小一体化"建设策略研究［J］. 现代交际，2021（7）：187-189.

[32] 张尹瑄. 大中小学思想政治理论课一体化建设研究［D］. 成都：西华大学，2022.

[33] 张应平. 大中小学思政课教材内容一体化研究［D］. 长春：东北师范大学，2022.

[34] 庄汝刚. 新时代思政课一体化建设的实践思考［J］. 黑龙江教师发展学院学报，2022（5）：78-80.

[35] 邹文通，李晓朋. 新时代大中小学生思想引领一体化模式探析［J］. 闽江学院学报，2023（3）：98-104.